AF475636

A. de SOUZA

LE Rire au Théâtre pendant la Révolution française

BRUXELLES
Maison Nationale d'Edition
L'ÉGLANTINE S. C.
1928

Le Rire au Théâtre

DU MÊME AUTEUR

SUZAN	(Bruxelles — Librairie du *Peuple*, 1922)
DIDI	(Paris — La Renaissance du Livre, 1926)

A. de SOUZA
(Marie-Joseph)

Contribution à l'étude du Théâtre en France pendant la Révolution

Le Rire au Théâtre

du 14 juillet 1789 au 9 thermidor an II

Thèse approuvée par le Sénat de l'Université de Londres pour le grade de Docteur en Philosophie (section des lettres)

BRUXELLES
Maison Nationale d'Edition
L'ÉGLANTINE S. C.
1928

Introduction

Les Romains s'estimaient heureux
Avec du pain et des théâtres;
On a vu les Français joyeux
S'en montrer bien plus idolâtres.
N'a-t-on pas vu ce peuple, enfin,
Subsistant comme par miracle...
Pendant le jour mourir de faim
Et le soir courir au spectacle.

(*Vaudeville* cité par N. BRAZIER.)

Dans son ouvrage intitulé « Chronique des Petits Théâtres de Paris », Nicolas Brazier raconte que, durant la Terreur et aux durs moments de disette, les salles de spectacles de Paris étaient toujours combles. Pour juger à quel point cette assertion est vraie, il suffit de consulter les journaux de l'époque. C'est ainsi que l'on peut lire dans la « Quotidienne » du 28 janvier 1793, au lendemain d'une journée terrible où des boulangeries et des épiceries avaient été complètement pillées : « Le calme est rétabli dans cette grande Cité. — Du reste, tout va bien : la classe laborieuse a repris son travail; la classe *raisonnante* est dans les clubs et les sections; la classe passive et insouciante a oublié ses terreurs. Ce matin, la beauté de la matinée avait orné les jardins publics et les boulevards des femmes les plus élégantes, de la plus brillante jeunesse. Ce soir les trente spectacles étaient pleins... C'est bien la fable du pigeon voyageur, qui secoue son aile après la pluie, jusqu'à nouvel encombre. » Trente spectacles, dit le journal; on voit par là combien les gens entreprenants avaient profité du décret du 13 janvier 1791 sur la liberté des théâtres. Et pourtant ce chiffre est peut-être encore au-dessous de la vérité, car N. Brazier (op. cit.) en compte cinquante et un en 1794. Or, on le sait, à cette époque il était rare qu'une pièce occupât longtemps l'affiche ; lorsqu'on jouait un ouvrage vingt ou trente fois de suite, c'était un gros succès. Il fallait donc une production intense pour subvenir aux besoins de tous ces théâtres; elle ne faisait pas défaut. « Qui n'est pas auteur dramatique à présent ? Qui ne fait pas sa pièce de théâtre ? Vingt spectacles sont approvisionnés en nouveautés; et que l'on dise encore que l'art dépérit, que les talents sont rares. » (« Moniteur Universel », 3 février 1793.) A vrai dire, l'art était souvent fort malmené par bon nombre d'auteurs qui faisaient preuve de plus de bonne volonté que de talent. C'est que, pour beaucoup, il s'agissait avant tout de vivre, et le théâtre offrit des ressources à plus d'un que la Révolution avait dépouillé. Faut-il citer des noms ? C'est Radet, bibliothécaire-secrétaire de la duchesse de Villeroy; Barré, avocat au Parlement et greffier à Pau; Desfontaines, censeur royal, inspecteur de librairie, secrétaire du comte de Provence, grand ordonnateur des fêtes et spectacles à la cour de Monsieur; Philippon de la Madeleine, avocat au Parlement de Besançon et intendant des finances du comte d'Artois; Piis, secrétaire-interprète du même; Léger, ex-abbé; Deschamps, secrétaire de M. de Montmorin, qui, s'ils avaient écrit pour le théâtre avant 1789, l'avaient fait pour divertir les grands seigneurs et non pas les sans-culottes ! En tous les cas, ceux-ci étaient, à tout prendre, des hommes de talent; mais il y en eut d'autres que l'insuccès condamna à l'oubli dès leurs débuts, ou dont les pièces ne purent se soutenir que parce qu'elles flattaient les passions populaires. La nécessité, la crainte de déplaire, un public peu difficile sur les moyens, pourvu qu'on l'occupe et qu'on l'amuse, voilà ce qui donna naissance à tant de pièces informes, monstrueuses, dont le succès nous confondrait si nous ne voyions, de nos jours, les sottises les plus invraisemblables rapporter des fortunes à leurs auteurs.

On estime à plus de deux mille le nombre des pièces qui furent écrites durant la Révolution; M. Ed. Estève, professeur à l'Université de Nancy, en compte déjà un millier ayant trait à la religion et au clergé. « Fatras illisible de nos jours », dit-il (« Etudes de littérature préromantique », p. 83), et avec lui tous les historiens du théâtre révolutionnaire. Car le sujet n'est pas neuf que j'ai entrepris d'étudier, il s'en faut de beaucoup; mais j'ose espérer d'en avoir découvert un aspect nouveau.

En effet, la majorité des auteurs ayant traité du théâtre pendant la Révolution ont insisté sur ce qu'il avait de tragique et de lugubre. Or, en parcourant l'immense répertoire de ce théâtre, on s'aperçoit bientôt que les tragédies, les drames, les comédies larmoyantes sont en minorité. Voici un petit tableau qui le fera bien voir; les chiffres ont été trouvés en consultant la « Bibliographie » de Landine, en ne tenant compte que des pièces jouées de 1789 à 1794; le chapitre intitulé « Le Monde nouveau » dans « Le Théâtre de la Révolution » de H. Welschinger, chapitre qui comprend des pièces jouées après 1794; enfin « l'Histoire du Théâtre de la Cité », par H. Lecomte, pour les années 1792 à 1794.

Pièces citées	Landine	Welschinger	Lecomte	Total
Tragédies	26	11	—	37
Drames	5	21	2	28
Mélodrames	—	2	1	3
Drames lyriques	2	1	—	3
Opéras	14	12	1	27
Opéras-comiques	14	3	3	20
Comédies	63	80	30	173
Comédies lyriques	15	—	—	15

Pièces citées	Landine	Welschinger	Lecomte	Total
Comédies héroïques	1	—	—	1
Vaudevilles	17	7	6	30
Faits hist. et patr.	—	2	1	3
Ballets, parades, etc.	2	4	2	8

Il résulte de ces chiffres que le nombre des comédies et vaudevilles est supérieur à celui de tous les autres genres additionnés. S'il s'y trouve quelques comédies larmoyantes telles que « La Veuve du Républicain », de Lesur, elles sont contrebalancées par des pièces légères ou bouffonnes, telles que « La Soirée orageuse », de Radet, rangées dans la catégorie des opéras-comiques, et « La grande Revue des Armées noires et blanches », de Louvet, dénommées mélodrames.

De plus, si l'on consulte les annonces des spectacles dans les journaux de l'époque, on sera encore plus édifié. Voici, par exemple, la liste des spectacles donnés le 21 janvier 1793, le jour de la mort de Louis XVI, et publiée dans la « Chronique de Paris » :

Académie de Musique :
« Roland », opéra;
Théâtre de la Nation :
« L'Enfant prodigue », et « L'Esprit de contradiction ».
Théâtre italien :
« L'Amant jaloux », et « L'Ami de la Maison ».
Théâtre de la République :
« L'Enfant prodigue », et « Les Folies amoureuses ».
Théâtre de la rue Feydeau :
« Le Médecin malgré lui », et « L'Histoire universelle ».
Théâtre de la Montensier :
« Le Sourd », et « Les Evénements imprévus ».
Théâtre du Palais Royal :
« M. de Crac à Paris », « Les deux Cousins », « Les Sabotiers » (ballet).

On fait dater la Révolution française du 14 juillet 1789. Ce n'est pas qu'il n'y ait eu, avant ce moment, des signes précurseurs de l'orage qui allait fondre sur la France; mais ce jour-là, le peuple marqua par un fait d'armes gros de signification sa volonté d'en finir avec le despotisme et l'arbitraire. La prise de la Bastille fit passer sur le pays un souffle d'enthousiasme et de liberté qui précipita les événements. Vingt jours plus tard, dans un bel élan d'abnégation, les députés de la noblesse jetaient à bas les restes encore imposants de l'édifice féodal; moins d'un mois après, l'Assemblée Nationale votait la Déclaration des Droits de l'Homme.

Comment, chez un peuple idolâtre des spectacles, le théâtre aurait-il pu rester étranger aux événements survenus dans la société ? Le peuple fiévreux qui stationnait aux abords de l'Assemblée, attendant ses décrets, ou qui discutait âprement ses actes dans les cafés et les jardins du Palais Royal, allait-il continuer d'applaudir des pièces reproduisant les mœurs de l'ancien régime ? Pourrait-il voir sans bâiller se dérouler les intrigues amoureuses qui font le sujet de la plupart des comédies à la veille de la Révolution ? A cette question on peut répondre : oui ou non, car pendant toute la durée de la Révolution il se trouva des auteurs qui préférèrent n'en point parler, ou n'en parler que le moins possible, et des spectateurs qui leur surent gré de ce silence. Mais tous ne furent pas de cet avis, et les écrivains qui jugeaient la scène propre à la vulgarisation des idées mirent à profit la

Déclaration des Droits de l'Homme, leur accordant pleine liberté de proclamer leurs opinions.

Les pièces sans portée politique feront l'objet de la seconde partie de cette étude; celles qui sont nées des circonstances seront traitées en premier lieu. A mon avis, ce sont celles-ci les plus intéressantes, car elles apportent quelque chose de nouveau, soit par les personnages qu'elles mettent en scène, soit par les situations qu'elles présentent, soit encore par le sujet même qui en constitue le fond.

On vit d'abord arriver au théâtre des œuvres proscrites autrefois, tel le drame de Dubois Fontanelle, « Ericie, ou la Vestale », écrit en 1768 et joué seulement le 19 août 1789; ensuite des tragédies ou des drames sur des sujets fournis par le passé, mais où abondent les allusions aux événements contemporains; puis enfin, des pièces de tous genres suggérées par ces événements et les changements qu'ils ont introduits dans la société.

Comme toutes les choses de ce monde, la plupart de ces changements ont un côté comique. La noblesse se dépouillant, dans la nuit du 4 août, de ses privilèges féodaux ne prête pas à rire; mais l'aristocrate qui ne peut se résoudre à n'être qu'un simple citoyen est un personnage fort ridicule. Ces petits effets de grandes causes n'échappèrent pas aux auteurs comiques et ils ne se firent pas faute d'en profiter.

J'ai classé les pièces par sujets et par ordre chronologique; c'est à dire qu'ayant constaté que le plus grand nombre de pièces sur la noblesse avaient été représentées de 1789 à 1792; celles sur la royauté, de 1790 à 1793; celles sur le clergé ou la religion, en 93, etc., etc., j'ai ordonné les sujets comme suit : I. — noblesse; II. — royauté; III. — religion et clergé ; IV. — égalité, fraternité; V. — guerre et patriotisme; VI. — divers : finances, justice, mœurs.

Toutefois ce classement n'est pas rigoureux : plus d'une pièce visant le clergé a été écrite avant 93; plus d'une traitant de la guerre fait allusion aux privilèges de la noblesse et du clergé. J'aurais même peut-être dû créer un chapitre intitulé : « Révolution », car il est des pièces qui font allusion à tous les changements survenus depuis la réunion des Etats Généraux. Je me suis décidée à faire figurer ces pièces aux divers chapitres qu'elles concernent. Dans l'impossibilité matérielle de tout citer, j'ai dû choisir. Or, ne voulant pas me laisser guider par des impressions personnelles. j'ai cru ne pouvoir mieux faire que de me fier au public qui fut appelé à les juger afin de savoir quelles pièces lui avaient plu davantage. Pour cela, je n'ai eu qu'à consulter les annonces des spectacles dans les journaux de l'époque. Ce choix fait, il me restait à démontrer comment les auteurs, faisant feu de tout bois, ont réussi à dérider leurs concitoyens, même lorsque le sujet qui constitue le fond de leurs pièces semble n'offrir aucun côté comique.

I

Examen des pièces sur la noblesse et les préjugés

Il n'est personne qui ignore combien nombreux et combien fondés étaient les griefs du peuple français contre les ordres privilégiés et, en particulier, contre la noblesse. En dehors des revenus, parfois immenses, de leurs terres mises en valeur par le travail incessant et à peine rétribué des misérables laboureurs, les nobles se partageaient encore le plus clair des revenus du trésor royal. A eux les ministères et les emplois publics nantis de gros appointements; à eux les hauts grades de l'armée et de la marine; à eux les grosses pensions; à eux aussi le plus clair des revenus de l'Eglise, les riches abbayes, les évêchés. Quatre mille familles de la haute noblesse se distribuaient annuellement 28 millions de pensions, 46 millions de la solde des 12.000 officiers, 120 millions des revenus des biens de l'Eglise et 120 millions de la dîme. A lire ces chiffres, on s'étonne que, dans leur livre « La Société française pendant la Révolution », les Goncourt, parlant de l'émigration, n'aient pas craint d'écrire : « Qu'est-ce que la révocation de l'édit de Nantes à côté de ces pertes et de cette dépopulation ? » Puis, énumérant les *grands dépensiers* passés à l'étranger : comte et comtesse d'Artois, prince et princesse de Condé, baron de Breteuil, maréchal de Broglie, prince de Lambesc, archevêque de Paris, madame de Polignac, et combien d'autres encore, ces auteurs affirment que Paris perdait à ces départs 30 millions de revenus. Paris, oui, peut-être, mais la France ?

A faut espérer qu'eu c'jeu-là finira bentôt !

Caricature de 1789 : le paysan accablé doit porter le prêtre et le noble. (Bibl. Nat.)

Comment les Goncourt n'ont-ils pas réfléchi que les quatre cent mille huguenots chassés par les dragonnades n'étaient pas des *dépensiers*, eux, mais des *producteurs* ; qu'ils ont emporté à l'étranger, non seulement leurs capitaux, mais le secret de leur industrie, et qu'ils ont enrichi leurs patries adoptives de tout ce que la France perdait avec eux ?

Quelqu'un a-t-il vraiment pu croire que le départ du

comte d'Artois et des Polignac, par exemple, appauvrissait la France ? La grande misère qui régnait dans les campagnes plus encore que dans les villes n'était-elle pas due en grande partie à l'inextinguible soif d'argent de tous ces grands personnages ? La contre-partie du luxe qu'ils étalaient à Paris et à Versailles, n'était-ce pas cette innombrable kyrielle de mendiants errant sur les routes de France, les rendant parfois peu sûres ? En 1767 on en avait arrêté 50.000; dix ans plus tard, à la suite de disettes successives, on en compte 1,200.000! Ces chiffres ne sont-ils pas éloquents ? Ne démontrent-ils pas l'état précaire, à cette époque, des petits artisans et des laboureurs, vivant au jour le jour, sans que le gouvernement ait jamais songé à organiser en leur faveur un quelconque système d'assistance ? Sans doute y avait-il des fondations charitables, des subsides distribués par les soins du clergé; mais que ces palliatifs sont inadéquats ! J'ai trouvé des chiffres relatifs au diocèse de Rouen, en l'an 1774 : à Ambourville, la paroisse dispose d'une rente annuelle de 3 l. 15 s. pour ses pauvres; Criquet-sur-Ourville possède 35 s.; à Sainte-Austreberte, la rente s'élève à 10 l., mais il a fallu l'hypothéquer pour procurer deux lits aux pauvres. Et quelle est la part des seigneurs des divers lieux là-dedans ? Le curé de Coudray se plaint qu'on ait ôté à ses pauvres jusqu'au droit de faire « un fagot de mort bois dans la forêt »; celui de Fresle blâme le duc d'Estrée qui possède dans sa paroisse des biens considérables et n'a jamais rien fait distribuer aux pauvres.

Et, d'ailleurs, pourquoi les seigneurs auraient-ils eu de semblables préoccupations ? Connaissaient-ils, les *grands dépensiers*, l'existence de tant de misérables ? Bien peu parmi les nobles avaient eu la curiosité de s'enquérir des moyens de subsistance de la masse du peuple, et ceux-là étaient acquis aux idées nouvelles. Ils étaient cette noblesse libérale qui fut si violemment prise à partie par la faction réactionnaire. Si elle n'a pas déchaîné la Révolution, ainsi que le dit M. Mathiez, du moins en a-t-elle soutenu les premiers pas, et cette attitude lui valut d'être abreuvée d'outrages par les journaux royalistes. Il n'y

Le petit Condé piquant des deux l'AUTRY-UCHE sur laquelle il est monté.

Caricature en réponse aux menaces des émigrés, d'après une reproduction du livre de Challamel, *Musée-Histoire de la République française* (éd. 1858).

a guère de numéros des «Actes des Apôtres» où l'on ne trouve des quatrains de ce goût :

Vous demandez pourquoi La......, Mon...... cy
Ont des âmes si roturières.
On vous répondra, le voici :
C'est que de plats valets ont fait cocus leurs pères.

Le peuple fut plus juste, du moins au début de la tourmente, et l'on s'aperçoit que les auteurs dramatiques eurent soin de distinguer entre les *bons* et les *mauvais* nobles. Parmi ces derniers, ils établissaient encore une différence entre les *anciens* et les *nouveaux*. Toutefois, lorsque les résistances et les fautes du roi eurent ôté au peuple sa confiance en la monarchie, et que les agissements des émigrés lui eurent rendu suspecte la noblesse tout entière, les auteurs dramatiques changèrent de ton et n'établirent plus aucune distinction entre les ci-devant.

ANCIENS NOBLES. — Dès les débuts de la Révolution on put prédire quels nobles mettraient tout en œuvre pour empêcher l'abolition des privilèges et l'établissement du nouveau régime; mais comme le roi semblait accueillir favorablement les revendications du peuple, les réactionnaires parurent moins dangereux que ridicules. Leurs menaces, que l'on croyait vaines, leurs absurdes préjugés mettaient les auteurs gais en verve, et dans les premières pièces révolutionnaires, celles de caractère léger, bien entendu, les adversaires de la Révolution jouent le plus souvent des rôles qui prêtent à rire. Tel ce Corisante, du « Réveil d'Epiménide », comédie épisodique de Carbon de Flins des Oliviers (Th. Français, 1er janvier, 1790); aristocrate endurci, il peste contre toutes les nouveautés et, outré de ce qu'un de ses fermiers ose lui dire qu'il a lu les Droits de l'Homme, il finit par s'écrier :

Je ne m'attendais point à ce dernier trait-là,
On peut faire à présent tout ce que l'on voudra.
Je vais loin de ces lieux chercher un coin de terre,
Où d'un peu d'esclavage on ait gardé le goût;
Et me jeter dans la rivière
Si l'on devient libre partout.

D'autres fois, l'auteur est plus indulgent encore, ainsi qu'il résulte de la jolie comédie de Fabre d'Eglantine, « Le Convalescent de qualité » (Th. Français, 28 janvier, 1791). Il s'agit d'un noble que la maladie a retenu dans son château, à la campagne, et qui ne sait rien des changements survenus depuis la réunion des Etats Généraux. Son intendant et son médecin voudraient bien les lui cacher, craignant que la colère qu'il en éprouvera ne lui soit mortelle; mais c'est en vain. Il les apprend tous un à un, et sa rage ne connaît d'autres bornes que son impuissance, jusqu'au moment où l'amour paternel le rappelle à de meilleurs sentiments, et l'humanise au point de consentir à l'union de sa fille avec un fils de fermier. On le voit, l'auteur, après avoir fait rire aux dépens de ce tyranneau désolé de l'abolition des lettres de cachet, finit par le rendre sympathique.

Parfois aussi les bons nobles sont opposés aux mauvais, comme dans « Le Marchand provençal », de Pigault-Lebrun (Th. du Palais Royal, sept. 1789), où tout le ridicule retombe sur Forfanville et sa femme, entichés de leurs titres, mais ayant de l'honneur une étrange conception; tandis que leur ami, le comte de Kersalec, fait dire au marchand Fabrice : « Je haïssais la noblesse, vous me la faites aimer. »

Des leçons de respect envers les bons nobles sont données, qui l'aurait cru, par Collot d'Herbois dans « L'Aîné et le Cadet » (Th. Feydeau, 17 janvier 1792), où l'on voit un valet terminer ainsi un éloge de son maître : « Ceux-là seront toujours honorés et chéris qui n'ont jamais opprimé le faible, qui se sont fait reconnaître pour des hommes sensibles, et de vrais amis de l'humanité »; et dans « La Famille patriote », pièce nationale représentée au Théâtre de Monsieur, le 17 juillet 1790, d'où j'extrai la scène suivante. Elle prouvera combien les sentiments modérés dominaient la foule à ce moment-là.

ACTE II, sc. II, entre le vieil ouvrier Aubin et son fils Silvestre, domestique de M. de Monticourt.

AUBIN

Si ton maître te l'a défendu il faut lui obéir. En acceptant son service tu t'es soumis à ses ordres... C'est une parole donnée.

SILVESTRE

Et s'ils n'ont pas le sens commun, les ordres de ces maudits?

AUBIN, l'interrompant vivement

Silvestre, vous ne devez pas outrager celui qui vous tient à ses gages.

SILVESTRE

Il n'est pas plus que moi.

AUBIN

Oui, mon fils, un homme en vaut un autre, quand ils sont honnêtes tous les deux... Mais lorsque tu maudis celui qui te nourrit, que tu as choisi pour maître, est-ce là le fait d'un honnête homme ?

Il n'est pas jusqu'aux émigrés qui ne bénéficient de cette tolérance. Ceux qui rentrent avec l'intention de respecter les nouvelles lois sont bien accueillis, ainsi qu'il ressort d'une pièce de Ronsin, « La Fête de la Liberté, ou le Dîner des Patriotes », (Th. du Palais Royal, 12 juillet, 1790). Quant aux autres, on espère que le respect qu'ils doivent au roi finira par les ramener, dès que celui-ci aura publiquement accepté la Constitution. En attendant, on essaie de calmer l'opinion publique excitée contre eux, par des couplets où l'on prêche l'indulgence envers ces frères égarés, ou bien en les lui montrant sous un aspect si absurde que le rire étouffe le ressentiment. C'est ainsi que le Cousin Jacques, dans «Le Club des bonnes gens», fait dire à un curé de village, en parlant des émigrés :

Mais surtout n'oublions jamais
Que chacun d'eux est notre frère.
La voix du sang chez les Français
Doit-elle un seul instant se taire ?

Tandis que Louvet, l'auteur du célèbre roman « Le Chevalier de Faublas », écrit une satire bouffonne intitulée « La Grande Revue des Armées noires et blanches », mélodrame en un acte, qui fut jouée le 25 juillet 1791 au Théâtre Molière et obtint un vif succès. On y voyait défiler les soldats de Condé : housards de la mort armés d'échalas, faute d'argent pour acheter des fusils; le bataillon du palais, armé de balances, qui réclamait ses épices; le bataillon des parvenus à qui Condé promettait de faire rendre la savonnette; puis venaient les évêques, les prêtes, les moines redemandant, ceux-là leurs bénéfices, ceux-ci leurs... nièces. Toute cette armée était mise en fuite par une poignée de sans-culottes, au cri de «Ça ira!», et Condé lui-même se sauvait par le trou du souffleur. Les sans-culottes ramenaient quelques prisonniers auxquels ils faisaient chanter des couplets terminant la pièce. Voici celui de Mirabeau-Tonneau :

Je soutiens, dussiez-vous rire,
Et dussiez-vous m'étriller,
Qu'il faut, dans un grand empire,
Des vilains pour tout payer;
Un haut clergé pour tout prendre;
Des nobles pour partager;
Des ministres pour tout vendre,
Et des rois pour tout manger.

« La Chronique de Paris » dit, à propos de cette pièce : « On voit bien que l'auteur a attaché peu d'importance à cette production; elle est cependant agréable et gaie, et nous engageons à l'aller voir tous les patriotes qui aiment à rire, et tous les aristocrates que le ridicule peut encore corriger. »

Sans doute il est un autre son de cloche; mais il ne

peut se faire entendre, du moins pas de la partie saine du public. Un auteur ayant prêché l'assassinat des « traîtres », dans une comédie : « L'Hôtellerie de Worms », (Th. du Palais Royal, 11 août 1791), se le

Avec autant de matières ont peut faire de bon déjeuners.

Caricature du vicomte de Mirabeau, surnommé " Mirabeau-Tonneau ", parue dans *les Révolutions de France et de Brabant*, de Camille Desmoulins.

vit reprocher et sa pièce n'eut pas de succès. Une autre pièce où la noblesse était violemment attaquée ne put être jouée que beaucoup plus tard. Il s'agit de la « trilogie comique » de Picard, « Le Passé, le Présent, l'Avenir», reçue au Théâtre Français le 30 juillet 91, apprise, puis subitement abandonnée et refusée par plusieurs théâtres du boulevard comme trop « constitutionnelle ».

Cependant il devient bientôt clair pour tous que la plus grande partie de la noblesse est hostile à la Révolution. Beaucoup même de ses membres qui ont applaudi aux premiers décrets de l'Assemblée Constituante ont été pris de remords. Peu iront aussi loin dans la réaction que le triste d'Antraigues, mais ils sont nombreux ceux qui souhaitent, *in petto*, le succès des ennemis du nouveau régime. Le parti de la cour ne perd pas une occasion de manifester ses sentiments : au théâtre, ses adhérents applaudissent ces vers de « Didon » :

> Mais devrois-je, à vos yeux, rabaissant ma couronne,
> Justifier le rang que le destin me donne.
> Les rois, comme les dieux, sont au-dessus des lois.
> Je règne, il n'est plus temps d'examiner mes droits.

Les provocations des journaux royalistes sont de telle nature qu'on se demande comment le peuple les a tolérées si longtemps. Tous les actes de l'Assemblée y sont ridiculisés et bafoués dans un langage ignoble (ex. : « Actes des Apôtres, n° 187; « Sabbats Jacobites », nos 48, 49, 53); tous ses membres sont accusés de crimes contre les mœurs ou contre la propriété. Ils ont inventé le verbe « brissoter » pour signifier le vol à la tire : « Il y a beaucoup de portefeuilles volés dans et devant le café de Foi; les Jacobins sont fort adroits; les uns vous cherchent querelle et vous effrayent; les autres vous dépouillent pendant que vous ne pensez qu'à repousser les injures. On voit qu'ils ont d'habiles maîtres dans l'art de brissoter. » (« A deux liards, le Journal », n° 16, février 1792).

Quant aux émigrés, leur refus de reconnaître la Constitution, leurs clameurs répandant partout que le roi ne l'a acceptée que contraint et forcé, le lâche emploi qu'ils font des faux assignats, toute leur conduite, en un mot, a fini par les rendre odieux. Dans son livre « Le Mouvement des idées dans l'émigration française », F. Baldensperger les montre rêvant « d'une répression pure et simple, qui ramenât le royaume à son ancien état, ou même à une plus stable condition de dépendance » (t. I. p. 13). Couper les oreilles à tous les coquins, pendre haut et court les vassaux infidèles (et l'on sait ce qu'ils entendaient par là), ce n'était qu'un jeu pour ces messieurs. Leurs journaux sèment la méfiance par des entrefilets de ce genre : « Nous savons de bonne part que les dévotes du faubourg Saint-Germain préparent déjà des logements pour *leurs frères les Russes* (« Actes des Apôtres », n° 276); ou encore : « Tout le monde s'arrange pour la contre-révolution. On remet telle ou telle affaire pour après qu'elle aura eu lieu; les uns se tiennent prêts à tomber, les autres à se relever; elle ne surprendra personne. » (« A deux liards, le Journal », n° 20, 2 août 1792). Il ne ferait plus bon de vouloir prendre leur défense! Le moment est venu où ceux-là mêmes qui, au lendemain de l'acceptation publique de la Constitution par le roi, et dans un but louable d'union nationale, ont contribué par leurs écrits au refus de la pièce de Picard en feront l'apologie. En effet, on peut lire dans « La Chronique de Paris » du 14 mars 1792 : « Nous avons été des premiers à inviter les directeurs de théâtres à ne plus jouer des pièces de circonstances; mais puisque les ennemis du peuple n'ont pas cessé leur campagne, il faut recommencer, et le meilleur ouvrage de ce genre qu'on pourrait donner est la pièce de Picard. » Le conseil fut suivi : la pièce, jouée sur le théâtre des Délassements Comiques au mois d'août suivant, figura de nombreuses fois sur l'affiche au cours de l'année.

Dans la première partie de cette trilogie, l'auteur flétrit les vices des nobles et leur corruption qui s'étend à tous ceux qui les approchent. On peut juger de l'esprit de cette partie de l'ouvrage par ce trait : (sc. IV.)

LE MARQUIS

Eh! lisez donc, mon frère,
Lisez donc le billet qu'à l'instant je reçoi :
C'en est fait, la comtesse est maîtresse du roi !

L'ARCHEVEQUE

Dites-vous vrai, marquis ?... Ah! la bonne nouvelle!
Que nous sommes heureux que notre sœur soit belle !

Et celui-ci, extrait de la scène entre Deschamps, valet du marquis, et son père qu'il a libéré de la prison en livrant sa sœur à son maître :

DESCHAMPS, à son père

Partez donc! Monseigneur va se mettre en colère.

LE PERE

Malheureux ! il fallait laisser punir ton père.

DESCHAMPS

Vous vous moquez! J'assure une dot à ma sœur.

Dans la préface que Picard écrivit, en 1828, pour « Le Présent », il dit : « La contre-révolution était en permanence, et c'est à elle qu'on doit tant de sang répandu; le langage de nos aristocrates n'est pas de mon invention, et je l'ai recueilli textuellement des brochures que l'on semait sous le manteau. » Ces mots n'annoncent pas le rire, et pourtant c'est dans cet acte que l'on trouve la scène suivante, la plus drôle et l'une des meilleures de la trilogie : les affiliés du Club des Amis du Privilège sont réunis et délibèrent sur ce qu'il conviendra de rétablir en premier lieu, quand ils auront vaincu la Révolution. Ils se querellent, chaque ordre se jugeant plus important que les autres :

LE MARQUIS

A rétablir nos droits le parlement s'oppose,
Et sur le même ton le clergé prend la chose !
Et moi je vous soutiens que l'on a fait fort bien
D'anéantir des corps qui n'étaient bons à rien,
Etablis seulement pour juger nos affaires
Qu'ils ne pouvaient juger qu'avec leurs secrétaires;
Que les moines d'ailleurs étaient tous fainéans,
Les prélats débauchés, les docteurs ignorans,
Nous scandalisant tous de leurs mœurs dissolues,
Au dépens des curés à portions congrues.

LE JESUITE

Et moi je vous soutiens que l'on a fort bien fait
De supprimer votre ordre... Est-il juste en effet,
Que, grâce au hasard d'une illustre naissance,
Un lâche ou bien un sot soit maréchal de France ?

LE CONSEILLER

Oui, vous avez raison, et monsieur peut bien croire
Qu'il ne plaidera pas près d'aucun tribunal,
Pour la perception d'aucun bien féodal.

Les nobles, furieux, tirent leurs épées et vont s'élancer sur leurs adversaires lorsqu'ils sont surpris par une femme. Celle-ci, croyant se trouver en face de revenants, pousse des cris de terreur, mais sa méprise leur donne le temps de se disperser.

Enfin, « L'Avenir » était un rêve où l'on voyait, non seulement la France apaisée, mais entièrement réalisé l'idéal que s'efforce d'atteindre notre Ligue des Nations d'un monde désarmé et pacifique. La scène nous montre les habitants d'un village côtier occupés à démolir un fort. Le maire et ses administrés expriment leur satisfaction de l'état présent par ces mots :

LE MAIRE

Le monde ne fait plus qu'une seule patrie !
Ainsi, payés des maux qu'il nous fallut souffrir,
Notre bonheur enfin n'est plus dans l'avenir :
Grâce aux biens de l'Eglise, enfin d'un coin de terre
Chaque cultivateur se voit propriétaire ;
Les impôts sont légers, les assignats éteints;
L'Etat ne doit plus rien, et ses coffres sont pleins;
On sait parler, écrire et penser au village.

UNE FEMME

Et depuis le divorce on y fait bon ménage.

LE CURE

Et comme les laïcs nous avons nos moitiés.

LUCAS

Et je me réjouis de vous voir mariés.
A parler net, depuis que vous avez les vôtres
Nous sommes beaucoup plus tranquilles sur les nôtres.

Le marquis est là aussi, ou plutôt il est amené par le garde-champêtre qui vient de le surprendre tuant un lapin sur les terres de la commune. Le maire, qui n'est autre que le père de Deschamps envoyé autrefois en prison par le marquis pour un délit semblable, le condamne à une amende qu'il paye lui-même, le marquis n'ayant pas d'argent sur lui. Ainsi le ci-devant se trouve humilié par la magnanimité de sa victime.

PARVENUS. — J'ai parlé au début de ce chapitre des parvenus, des nobles d'origine récente. De tout temps le peuple les avait détestés; ils excitaient sa verve et sa colère autant que nos nouveaux riches les sarcasmes et les malédictions des victimes de la Grande Guerre. On conçoit aisément que leurs déboires prêtaient à rire. Il en était de deux sortes : les anoblis par l'achat d'une de ces charges que la Révolution venait de supprimer, réduisant par là beaucoup d'entre eux à la misère, et ceux qui, voyant la tournure des événements, auraient bien voulu faire oublier l'emploi qu'ils avaient fait de la savonnette à vilains.

Dans « Les trois Cousins », comédie de Levrier Champ-Rion (Th. de la République, 18 juin 1792), nous voyons un abbé et un capitaine, celui-ci devenu marquis, obligés d'avoir recours à leur cousin, le fermier Thibaut, qu'ils avaient feint d'ignorer jusque-là. Au lieu de l'argent qu'ils lui ont demandé, le fermier leur offre l'hospitalité, et ils se voient contraints de l'accepter pour fuir leurs créanciers. Mais à la ferme tout n'est pas rose pour eux : ils doivent se laisser traiter familièrement par les domestiques, et s'entendre dire des vérités peu agréables. Ayant appris que la fille du fermier aura 40.000 écus de dot, ils lui font la cour; mais elle se moque d'eux et, pour leur donner une leçon, leur fixe un rendez-vous où elle les fait surprendre tous deux aux pieds du valet de ferme déguisé en femme. Rougissant enfin de leur cupidité et de leur vie passée, ils promettent de se rendre désormais utiles à leurs semblables.

La pièce était innocente et faisait rire par un mélange de douce satire et de bonne vieille farce. La scène où les deux ci-devant regrettent la perte de leurs bénéfices est piquante : « Moi, dit l'abbé, qui avais une petite loge charmante à l'Opéra... Quinze ou dix-huit mille livres de rente... pas ça de dépenses utiles à faire... tout mon temps à moi... ma foi, on ne perd pas tant de bonnes choses sans être de fort mauvaise humeur. » Le succès de cette comédie fut prolongé; c'est elle qui, sous le titre des « Deux Cousins », figure sur l'affiche du Palais Royal le 21 janvier 1793.

« Le Noble roturier », comédie de Radet (Th. du Vaudeville, 14 mars 1794), met en scène un parvenu de la deuxième sorte. Beaucoup plus agressive que la précédente, elle porte l'empreinte de l'époque où elle fut écrite. Le héros en est un parvenu terrorisé depuis qu'il a vu son nom sur la liste des proscrits. Ce n'est pas de lui qu'il s'agit; mais par crainte des méprises il s'est hâté de quitter sa demeure luxueuse et de venir se loger dans le quartier populaire qu'habitent ses parents roturiers. En outre il prend toutes les mesures pour rétablir son ancien état civil, ce qui donne lieu à quelques couplets caractéristiques. J'en citerai trois pour montrer combien l'auteur avait saisi la nuance des sentiments que les parvenus excitaient dans le peuple. Ceux qui vivaient de leur luxe ou de leur manie de s'anoblir se moquent d'eux; mais ceux qu'ils avaient exploités pour s'enrichir leur gardent rancune et mépris.

LE TAILLEUR

Ah! pour l'Etat quel beau fonds de richesse,
Et quel bonheur pour les gens comme lui,
Si l'on vendait le civisme aujourd'hui
Comme on vendait autrefois la noblesse.

LE GENEALOGISTE

Lorsque sur de vieux parchemins
Je greffais la fraîche noblesse,
Il me fallait beaucoup d'adresse
Pour en venir à mes fins.
Mais aujourd'hui, sans imposture,
Aux gens que je sus anoblir
Il m'est aisé de fournir
Des preuves de roture.

LE MENUISIER

Comme à l'ordre du jour
La terreur est en France,
Et que pour eux la chance
A tourné sans retour;
Beaucoup d'aristocrates,
Pestant au fond du cœur,
Se sont faits démocrates
De peur.

C'est sur ce dernier mot que je fermerai le chapitre des pièces sur la noblesse. Nous sommes parvenus à la période la plus sombre de la Révolution : la peur est à l'ordre du jour. On rit et l'on danse encore dans Paris, mais c'est peut-être pour se dissimuler qu'on tremble.

PREJUGES. — Les écrivains, dramatiques ou autres, n'avaient pas attendu la Révolution pour essayer de combattre les préjugés de naissance ou de profession. En 1731, à Londres, l'auteur anglais Lillo avait remporté un grand succès avec son drame intitulé « The London Merchant ». Le sujet en est l'aventure d'un jeune apprenti qui, subjugué par une femme de mauvaise vie, vole son maître et tue son oncle; il est, avec sa complice, condamné à être pendu. On le voit, il s'agissait d'une de ces tragédies domestiques, dont Diderot affirmait l'intérêt plus frappant que celui des tragédies classiques. Plusieurs critiques littéraires, surtout en Angleterre, ont prétendu que Diderot avait puisé dans l'œuvre de Lillo ses idées sur le drame bourgeois. Le fait est que l'on y trouve, en dehors du sujet et des personnages, d'autres caractéristiques de ce drame; par exemple : la solennité des discours prêtés aux personnages et leur préoccupation de faire de la morale. Toujours est-il que ce nouveau genre dramatique avait amené sur la scène des personnages dont la condition avait pour le moins autant d'influence sur la marche de l'intrigue que le caractère, et les auteurs leur faisaient tenir des discours destinés à combattre les préjugés. Ainsi firent Diderot et Sedaine; mais je ne les cite que pour mémoire, leurs pièces ne prêtant pas à rire, au contraire. Cependant leurs thèmes favoris, la dignité du travail et du commerce, l'égalité des hommes de cœur, furent traités sur un ton badin par au moins un écrivain : j'ai cité Chamfort. Dans une comédie-ballet, « Le Marchand de Smyrne », jouée au Théâtre Français en 1770, Chamfort bafoua l'oisiveté et vanta le travail, surtout le travail manuel. Je m'en voudrais de ne pas rappeler la scène suivante où l'on entend déjà le son des revendications égalitaires que devait consacrer, dix-neuf ans plus tard, la Déclaration des Droits de l'Homme.

Hassan, brave marchand de Smyrne, vient de racheter le Français Dornal au marchand d'esclaves, Kaleb. Dornal le supplie de libérer aussi son serviteur André. Il y consent et donne de l'argent à Kaleb.

KALEB

En vérité, voisin, cela ne suffit pas.

HASSAN

Comment! cent sequins ne suffisent pas!... Un domestique...

KALEB

Eh! mais... un domestique... Après tout c'est un homme comme un autre.

HASSAN

Bon! voilà de la morale à présent.

KALEB

Et puis un valet fidèle, qui a le cœur sensible, qui travaille, qui laboure la terre, qui n'est pas gentilhomme... En conscience...

A la veille de la Révolution, Beaumarchais fit le procès de bien des préjugés dans sa « Folle Journée », mais après la réunion des Etats Généraux, ce procès fut repris avec d'autant plus de vigueur que les murmures des privilégiés avaient été plus grands lors du doublement du Tiers Etat.

Le commerce, l'agriculture, le travail manuel sont réhabilités dans « Le Marchand provençal », « Le Convalescent de qualité », « Les trois Cousins », pièces déjà citées. Dans « Les Dragons en cantonnement » (Th. de la Cité, 15 février 1794), Pigault-Lebrun entreprend de démontrer qu'il n'est pas de sot métier. Bien entendu, il ne prêche pas, la scène est même assez bouffonne; mais elle se termine par une tirade qui n'est pas sans noblesse. Un maréchal des logis qui a épousé une sœur converse, Gertrude, vient d'être nommé capitaine. Aussitôt sa femme veut abandonner le métier de vivandière qu'elle trouve indigne de sa nouvelle position. D'abord surpris, le maréchal des logis semble se rendre à ses raisons; il va même plus loin et, les faisant siennes, il déclare qu'une simple sœur converse n'est pas digne d'être la compagne d'un capitaine : il veut divorcer. A ces mots Gertrude éclate :

GERTRUDE

Comment, coquin, tu divorces !

LE MARECHAL DES LOGIS, traversant la scène d'un air tragi-comique

Ne vous oubliez pas, ma mie; respectez un homme comme moi; je ne vous connois plus.

GERTRUDE, d'un air suppliant

Quoi ! tu pourrois abandonner ta Gertrude, ton fouille-au-pot, pauvre, mais honnête, qui t'a suivi dans les garnisons, dans les camps et dans les combats ?

LE MARECHAL DES LOGIS, s'arrêtant

Quoi! tu pourrois abandonner un métier nécessaire, et par conséquent estimable, et qui nous a nourris l'un et l'autre ! Que répondras-tu à un blessé, à un soldat excédé de fatigue, qui te demandera un verre de vin ? Que tu es la femme d'un capitaine ! Ta réponse impertinente soulagera-t-elle leur misère ? Donne, si tu ne veux pas vendre; mais sois utile à tes frères.

Tous ces plaidoyers nous semblent bien surannés : il y a beau temps que les préjugés qu'ils combattent ont disparu. Il en est un, pourtant, que rien n'a pu déraciner : celui qui s'attache à la naissance illégitime. C'est un vilain trait de la nature humaine de faire retomber sur les enfants les fautes des parents; mais cette injustice est tellement ancrée dans nos mœurs que, malgré les plaidoieries de tant d'auteurs célèbres, malgré les pièces passionnées de Dumas, rien n'a pu l'extirper. Lorsqu'une femme a fauté, quelque courageuse qu'elle se montre par la suite, quelque soin qu'elle mette à élever son enfant, toujours elle est poursuivie par la pensée du stigmate qui marque cet innocent. En Belgique, encore maintenant, lors de la publication des bans de mariage, on imprime en toutes lettres, à la suite du nom de l'intéressé : fils ou fille de père inconnu. Qui dira combien de malheureux cette coutume a déjà faits !

Les Français de 1789, tout remplis d'idées généreuses, ne pouvaient manquer de combattre un préjugé aussi injuste. C'est le but que se proposait A. Charlemagne en écrivant sa comédie : « L'Adoption villageoise » (Th. de la Cité-Variétés, 17 mai 1794). Dans ce petit rien amusant, Grégoire, riche jardinier, veut adopter la servante de son voisin Furet, ex-avocat. C'est une enfant naturelle abandonnée par sa mère. Le jeune Justin, aide-jardinier, l'aime, et Grégoire les mariera. Mais l'avare Furet, qui à tous ses autres défauts joint celui d'écouter aux portes, a entendu la proposition d'adoption faite par Grégoire à sa servante. Faisant taire ses scrupules concernant la naissance de la jeune fille en faveur de la dot qu'elle apportera au ménage, il se propose comme époux. Grégoire feint de tomber dans le panneau; mais Furet est joué. Voici les couplets concernant le préjugé de naissance :

JUSTIN

Par soi, jadis on n'était rien;
On était tout par sa naissance;
Quoiqu'un savant eût dit fort bien :
« La vertu fait la différence. »
Sous les lois de l'Egalité
Qu'importe de qui l'on soit fille,
Quand on a de la probité
On est d'assez bonne famille.

GREGOIRE

De suivre l'amour et sa loi,
Après tout, pourquoi faire un crime ?
Le seul enfant illégitime
Est l'homme méchant et sans foi.
Faut-il qu'un contrat nous assure
Un droit déjà bien solennel ?
Avant le Notaire et l'Autel
Etaient l'Amour et la Nature.

Ce dernier couplet pourrait faire croire que la Révolution favorisait l'union libre. Les royalistes ne se sont pas fait faute de le dire; ils ont même accusé leurs adversaires de préconiser la communauté des femmes. Leur réfutation des théories républicaines de Condorcet consiste à lui reprocher de vendre sa femme; voici comment « Les Sabbats Jacobites » (n° 44) font parler cet infortuné Girondin :

Nous mettrons tout en commun
Jusques à nos femmes.

Ailleurs, dans des couplets contre Brissot, le même

journal fait ainsi parler un adepte des théories républicaines (n° 61) :

Si j'égorge un malotru,
La belle vétille !
C'étoit un père bourru
Qui gardoit sa fille.
Quand nos vœux sont satisfaits
Doit-on avoir des regrets ?

Par où l'on voit que les Bolchévicks ne peuvent se plaindre d'avoir été les premières victimes de cette absurde accusation! La vérité est que si les «patriotes» voulaient réhabiliter les filles-mères et leur progéniture, s'ils ont accueilli le divorce, ils n'en défendaient pas moins le mariage de toutes leurs forces, ainsi que je le montrerai au chapitre « Mœurs ».

Je n'ai pas voulu examiner ici les pièces ayant trait à l'abolition des marques distinctives établies autrefois entre les différentes classes de citoyens. L'égalité tenait tellement au cœur de tous qu'il est peu de pièces qui n'y fassent allusion. J'ai donc préféré y consacrer un chapitre séparé.

II

Examen des pièces concernant la royauté

Ce qui frappe tout d'abord lorsqu'on entreprend l'étude de la Révolution, à quelque point de vue que l'on se place, c'est l'enthousiasme du peuple pour le roi. Jamais monarque ne reçut autant de preuves d'affection de la part de ses sujets que Louis XVI ne s'en vit prodiguer depuis la réunion des Etats Généraux jusqu'à la fin de 1790. On ne l'appelait plus que « notre bon roi », « notre père ». Beaucoup d'historiens ont prétendu que, dès l'ouverture de l'Assemblée Constituante, il s'y trouvait un bon nombre d'hommes n'ayant que fort peu de respect pour la royauté. Je ne sais à quel point cette assertion est vraie; pour ma part, après avoir lu les pièces qui furent jouées de 1789 à la fin de 1791, je la mets en doute. On sent que tous, auteurs, critiques, public, ont à cœur de séparer la cause du roi de celle de ses courtisans. Ce sont eux qui, avec les prêtres fanatiques ou ambitieux, sont accusés de tous les méfaits de la monarchie.

Un roi avait laissé dans l'esprit du peuple une impression si forte de bonté et de justice que son nom semblait incarner le souverain idéal. J'ai nommé Henri IV. Lorsqu'il fut question de régénérer le gouvernement de la France, c'est son gouvernement que l'on invoqua; c'est lui qu'on proposa pour modèle à Louis XVI. On remit au théâtre, avec succès, la comédie de Collé, « La Partie de Chasse de Henri IV », et le public, prompt à faire des applications, ne chantait plus que l'air de « Vive Henri IV ! », mais en y adaptant ces paroles :

Vive Louis seize,
Ce bon roi citoyen !
Son cœur est aise
De faire notre bien.
Vive Louis seize.
Ce bon roi citoyen !

On joua simultanément, en novembre 89, « La Partie de Chasse de Henri IV », au Théâtre Français, et « Henri IV, ou la Bataille d'Ivry », au Théâtre Italien. Puis on eut : « Henri IV à Meulan » et « La Nuit de Henri IV », pantomime, au Théâtre des Grands Danseurs du Roi; « Le Souper d'Henri IV », au Théâtre de Monsieur; enfin, « Une Journée de Henri IV », au Théâtre Molière.

On sait comment, dans la pièce de Collé, l'intègre Sully est opposé aux vils courtisans qui ne songent qu'à tromper le roi. En 1789, c'est Necker qu'on oppose à la cour, témoin cette chanson que l'on entendait partout et qui, bien entendu, était chantée sur l'air de « Henri IV » :

Le Monarque de France
Voulait faire le bien,
Le chef de la finance
En offroit le moyen;
Mais un parti contraire
Prolongeant la misère
Qui blesse les petits,
A protester s'amuse.
C'est ainsi qu'on abuse
Du bon cœur de Louis.

LE ROI N'EST PAS MIS EN CAUSE. — Cette loyauté envers la personne de Louis XVI se retrouve dans toutes les pièces révolutionnaires jusqu'à la fin de 1791. L'une de celles qui eurent le plus de

Médaille frappée à l'occasion de la réunion des Etats Généraux

succès est « Nicodème dans la Lune, ou la Révolution pacifique », folie en prose et en trois actes, mêlée d'ariettes et de vaudevilles, de Beffroy de Reigny, plus connu sous le nom de Cousin Jacques. Cette pièce, jouée au Théâtre Français comique et lyrique, le 7 novembre 1790, eut 191 représentations en treize mois; son succès sauva le théâtre de la banqueroute et fut tel, dit Brazier (op. cit) « qu'oncques depuis n'en connaissons de pareil ».

L'auteur avait introduit dans cette pièce tout ce qui pouvait amuser le public. Son héros est un personnage qui disputa longtemps les faveurs du public à Jocrisse, Arlequin, le Père Duchêne et Cadet Roussel. Le moyen dont il se servait pour se rendre dans la lune, c'est le ballon mis à la mode par les expériences récentes des frères Montgolfier. Les habitants de la lune éprouvent d'abord une grande frayeur à la vue de Nicodème et de son nouveau moyen de locomotion ; mais, bientôt rassurés, ils lui content leurs malheurs. Ils sont misérables, les grands les exploitent affreusement et cachent la vérité à l'empereur, qui ne sait donc rien des souffrances de son peuple. Il va venir chasser près du village où Nicodème est descendu, et le seigneur du lieu vient ordonner aux habitants de montrer au souverain des visages satisfaits. Hélas ! ils voudraient bien détromper le bon monarque; mais ils craignent les représailles. Nicodème a pitié d'eux et s'offre pour parler à l'empereur. Celui-ci, tout chagriné de ce qu'il apprend, décide de faire lui-même la révolution en se mettant à la tête du peuple, et se fait fort d'amener les grands à se dépouiller de leurs privilèges.. Il y réussit, et Nicodème est tout heureux qu'on ait pu faire une révolution pacifique.

Voici le couplet que Nicodème adresse à l'empereur, après lui avoir fait part des méfaits des grands :

J' peux bien vous ajouter franch'ment
Q'gnia rien là qui m'étonne;
Et qu'on a toujours pus d'tourment
Que d'agrément sur l'trône.
Un roi souvent est détesté
Quand il mérit' qu'on l'aime.
Tout l' mond' li cach' la vérité
Parc' qu'on abuse d'sa bonté.

Lorsque l'empereur fait appel aux grands, Nicodème les encourage par ces mots :

Oui, Messieurs, tout l'monde en France
A tout d'suite été d'accord;
Clergé, Noblesse et Finance
Ont cédé leurs droits... d'abord...
Tout chacun... sans résistance,
D'y r'noncer a pris grand soin...
(à part, vers le public)
A beau mentir qui vient d'loin !

Dans « Le Menuisier de Bagdad », « Le Réveil d'Epiménide », « La Fête de la Liberté », « La Famille patriote », toutes pièces jouées de 89 à 91, on trouve des couplets à la louange du roi. Pourquoi fallut-il que la tentative de fuite du 20 juin 91 vînt jeter la méfiance dans les esprits les plus loyaux ? On lit dans le « Babillard du Palais Royal », du 23 juin : « Hier matin les groupes étaient nombreux; on y pérorait sur l'évasion du Roi. Il paraît que cette fuite a beaucoup indisposé les Parisiens contre lui. Ils laissaient éclater publiquement leur mépris pour un père qui a lâchement abandonné sa famille, parce qu'il n'a pu supporter quelques privations momentanées.

« A la porte du Café du Roi, un particulier, ayant dit à très haute voix que le Roi devait être exclu de la couronne, a été enveloppé sans bruit et poussé à l'intérieur du café. On lui a reproché vivement d'aggraver un mal que le peuple trouve déjà assez grand, et qu'il avait mauvaise grâce de heurter l'opinion générale, qui se repose entièrement sur l'Assemblée Nationale, infatigable dans ses travaux, quoique profondément affligée de ce malheur. »

On le voit, la colère, le désappointement et l'envie d'étouffer cette malheureuse affaire se partageaient le cœur des citoyens réfléchis.

C'est peu après que le Cousin Jacques fit représenter une autre pièce où il agite son drapeau de révolutionnaire pacifique. C'est une folie en vers et en deux actes, intitulée « Le Club des Bonnes Gens » (Théâtre de

Monsieur, 24 septembre 1791). Elle met en scène un brave homme de curé, désolé de voir ses ouailles partagées en deux camps ennemis depuis que le meunier Thomas a fondé un club à l'imitation de ceux de Paris. Il s'avise d'en fonder un aussi; mais ce sera « le club de la gaîté ». Son projet réussit. Les paysans des deux camps, qui sont tous venus pour entendre les chansons débitées dans le jardin de la cure par deux charlatans, les uns à l'intérieur du jardin, les autres, ceux du « club des patriotes », de l'autre côté du mur, se trouvent tout à coup réunis par la chute de ce mur. Cet incident les amuse et achève de les réconcilier. La pièce se terminait sur ce couplet :

Vivons désormais tous en frères;
N'affligeons plus notre bon Roi !
Sous les yeux du meilleur des pères,
Obéissons tous à la loi...
De bon cœur comme il va sourire
Quand il verra tous les Français,
En vrais amis, entr'eux se dire :
« Embrassons-nous, faisons la paix ! »

La pièce fut accueillie par autant de sifflets que d'applaudissements et put difficilement atteindre sa 46e représentation. Presque tous les auteurs veulent voir dans cet insuccès la preuve que le roi était déjà très impopulaire. J'inclinerais plutôt à penser que la forme de l'ouvrage était plus en cause que le fond. En effet, « La Chronique de Paris », du 26 septembre, après en avoir fait un éloge mitigé de beaucoup de critiques, ajoute : « Nous saisissons cette occasion d'observer qu'à la longue rien ne deviendra plus fastidieux que ces pièces de circonstance. Nous invitons les auteurs dramatiques à revenir au bon genre et au bon goût, et à ne pas prendre de la niaiserie pour de la naïveté, du bas pour du naturel, des calembours pour de l'esprit, et du jargon pour du style. » Or, il y a beaucoup de niaiserie et de jargon dans les pièces du Cousin Jacques.

Ce qui me confirme dans cette pensée, c'est que, le 12 octobre suivant, au Théâtre Molière, Villemain d'Abancourt fit représenter avec grand succès « Une Journée d'Henry IV ». Cette comédie eut 60 représentations consécutives et la première édition de l'ouvrage fut rapidement enlevée. Cependant ce n'est rien d'autre qu'une copie un tantinet rajeunie de la pièce de Collé. Au deuxième acte, Henry, annonçant aux courtisans la convocation des Etats Généraux, ajoute ces mots : « Aucun sacrifice ne me coûtera pour rendre mes sujets heureux, et je crois connaître assez les sentiments de la noblesse française, pour être sûr qu'elle secondera mes intentions de tout son pouvoir... Pour rendre la France ce qu'elle doit être, il ne lui faut que de bonnes lois et un roi qui sache les faire exécuter. » La pièce s'achevait sur ce couplet d'un paysan :

Je ne sommes qu'un franc rustaud;
J'n'avons pas pus d'esprit qu'y n'faut;
C'est ce qui nous désole;
Mais j'aimons not'Roi d'tout not'cœur;
J'sommes Français et j'avons d'l'honneur;
C'est ce qui nous console.

L'accueil fait à cette pièce ne semble pas indiquer un profond relâchement dans le loyalisme du peuple français. A vrai dire, ce pauvre peuple soupirait après le repos et ne demandait pas mieux que d'oublier la faute du roi, ou de la rejeter sur d'autres, comme on le voit par ce couplet d'une chanson contre Bouillé :

Louis étoit notre ami;
Nous le nommions notre père;
Sans rien dire il est parti!
Hélas; qu'espéroit-il faire ?
C'est l'exécrable Bouillé
Qui dans la France a tout troublé.

Rabaut Saint-Etienne dit, en parlant du roi, dans son « Almanach historique » pour l'année 1792 : « Son évasion lui ayant été évidemment suggérée, il devenait digne de la nation d'oublier cette faute. » La reine elle-même, que tout le monde soupçonnait pourtant d'avoir poussé le roi, fut encore l'objet de manifestations de sympathie vers la fin de l'année. On peut lire dans « La Chronique de Paris » du samedi 31 décembre 1791 : « La reine fut jeudi à ce spectacle (l'Opéra) avec le prince royal, elle y a été très applaudie. »

Mais Louis XVI indisposa bientôt tous les esprits et montra son peu d'attachement à la Constitution en opposant son « veto » au décret du 9 novembre contre les émigrés. C'était là, pourtant, une occasion unique de se désolidariser de ces ennemis irréductibles du nouveau régime, et de leur prouver qu'il n'acceptait pas leur aide fratricide. Toutefois il eut un regain de popularité lorsqu'il se résigna à déclarer la guerre à l'Autriche, mais ce fut court. D'une part, il opposa son « veto » au décret condamnant les prêtres réfractaires à la déportation et refusa de sanctionner la formation d'un camp de 20,000 hommes sous les murs de Paris affolé par les premières victoires des Autrichiens, d'autre part, l'insolent manifeste du duc de Brunswick fit de lui la cause directe de l'invasion du territoire français par l'armée prussienne. Dès cet instant la majeure partie de la population ne douta plus que le roi ne fût de connivence avec l'ennemi.

LA ROYAUTE EST ATTAQUEE DANS LA PERSONNE DES ROIS. — Après le 10 août qui vit la royauté s'abîmer au milieu de scènes affreuses, on chanta :

Monarque autrefois si fêté,
Des bons Français l'unique idole,
Pour avoir trop mal écouté,
Tu fréquentas mauvaise école.
Souviens-toi de cette leçon,
Tu viens de ternir ta mémoire.
Réfléchis bien dans ta prison
Que vertu seule fait gloire.

Du théâtre on bannit le mot « roi » que l'on remplaça par « tyran »; la couronne n'y fut plus qu'une marque d'infamie. Deux pièces donnent bien la mesure de l'exaspération où étaient arrivés les esprits. La première, jouée au Théâtre de la République (anciennement Théâtre de la rue de Richelieu), le 18 octobre 93, soit deux jours après la mort de la reine, est intitulée « Le Jugement dernier des Rois », prophétie en un acte et en prose. Elle est de Sylvain Maréchal, un auteur qui a été diversement apprécié, les uns le représentant comme un maniaque forcené « qui professait ouvertement l'athéisme et qui a même fait un Dictionnaire des Athées» («Muret, L'Histoire par le Théâtre»), les autres, comme un excellent homme, bon, sensible, serviable, ennemi de toutes les violences et, par-dessus tout, de l'intolérance. J'avoue que sa pièce est féroce, mais il s'en expliqua lui-même dans son discours aux spectateurs de la première représentation : « Citoyens, dit-il, rappelez-vous donc comment, au temps passé, sur tous les théâtres on avilissait. on dégradait, on ridiculisait indignement les classes les plus respectables du peuple-souverain, pour faire rire les rois et leurs valets de cour. J'ai pensé qu'il était bien temps de leur rendre la pareille, et de nous en amuser à notre tour... Voilà le motif des endroits un peu chargés du « Jugement dernier des Rois ». Or, voici ce qu'il avait imaginé pour amuser ses concitoyens : tous les peuples ont déclaré la République et ils ont condamné leurs tyrans à être déportés dans une île volcanique. Des sans-culottes de toutes les nations les y amènent et découvrent, dans cette île que l'on croyait déserte, un malheureux vieillard, un Français, autrefois banni injustement par lettre de cachet. On le met au courant de tous les changements survenus et on lui annonce l'arrivée des tyrans (sc. III) :

UN SANS-CULOTTE

Tu vas les voir tous ici, un pourtant excepté.

Ventre Saint-Gris! Où donc est mon petit-fils Louis!!

D'après une reproduction du *Musée de la Caricature* par E. Jaime (éd. 1838)

LE VIEILLARD

Et pourquoi cette exception ? Ils n'ont jamais guères mieux valu les uns que les autres.

LE SANS-CULOTTE

Nous lui avons tranché la tête, de par la loi.

LE VIEILLARD

Les Français sont donc devenus des hommes !

Puis les rois sont amenés et présentés par un de leurs ex-sujets dans des termes peu flatteurs. Tous les critiques ont honni Sylvain Maréchal pour la façon dont il a traité Catherine de Russie; mais c'était au siècle dernier. Aujourd'hui, on peut présenter un film où, les termes exceptés, Catherine est représentée telle que Maréchal l'a dépeinte, sans que personne s'en émeuve.

Les sans-culottes se retirent en abandonnant un baril de biscuits aux rois qui se querellent à qui en aura la plus grande part. Le volcan met fin à leurs disputes en les engloutissant tous.

La pièce obtint un grand succès et l'auteur fut acclamé. Cela n'a rien de surprenant, la foule éprouvant toujours un immense plaisir à voir bafouer les hommes ou les choses dont elle a eu fort peur.

La deuxième pièce est de Lebrun-Tossa, et dirigée autant contre Pitt que contre son roi dément : c'est «La Folie de Georges, ou l'Ouverture du Parlement d'Angleterre » (Théâtre de la Cité, 25 janvier 1794). On y voit le roi Georges frappé d'un accès de démence à la nouvelle que les Français ont repris Toulon. Au moment de prononcer le discours d'ouverture devant le parlement, il se met à divaguer : il accuse Grey, Fox, Sheridan de vouloir l'assassiner, veut boxer Sheridan et donne des coups de pieds à Burke qu'il traite de «vieux baladin ». Les députés qu'il a insultés font appel au peuple, non pour combattre les Français, comme le voulait Pitt, mais pour abattre leurs propres tyrans. Le peuple est victorieux; il s'empare du roi qu'il conduit à Bedlam dans une cage traînée par Burke, Grenville, Chesfield et Lansdoun, tandis qu'un âne porte la couronne et le manteau royal. Le « Journal de Paris », du 26 janvier, écrit à propos de cette pièce: « Le rôle de Georges est tenu par le C. Beaulieu, mais avec tant de gaîté qu'il est impossible au spectateur de modérer son rire, et avec tant de vérité qu'à la fin Georges, quoique roi, finit par faire pitié. »

Il était loin le temps où l'ambassadeur anglais obtenait l'interdiction d'une pièce pouvant offenser sa Majesté la reine Elisabeth !

UN TOUT PETIT POINT D'HISTOIRE. — Ce chapitre ne serait pas complet si je n'y mentionnais une pièce qui a déjà fait couler beaucoup d'encre. Il s'agit de « La chaste Suzanne », opéra-comique ou vaudeville, de Radet, Barré et Desfontaines. Le sujet en est l'épisode biblique bien connu et rien, au premier abord, ne semble justifier l'introduction de cette pièce parmi celles ayant une portée politique. Cependant il est certain que des « patriotes » s'en trouvèrent offensés et que ses auteurs lui durent de passer en prison quelques semaines angoissantes. Tous ceux qui en ont parlé ont attribué ces déboires à une phrase prononcée par le grand juge d'Israël s'adressant aux deux vieillards : « Vous êtes accusateurs, vous ne pouvez pas être juges. » Or, on était au 5 janvier 1793, et tous les spectateurs avaient présente à la mémoire l'apostrophe célèbre de l'avocat Desèze à la Convention: « Je cherche en vous des juges et je ne vois que des accusateurs. » Le trait, dit « La Quotidienne » du 8 janvier, fut applaudi de toutes parts et à plusieurs reprises; il occasionna aussi quelques murmures, ajoute « La Chronique de Paris ».

Welschinger écrit à ce propos : « Le lendemain, la pièce était interdite et Léger, l'auteur, Radet et Desfontaines, principaux fournisseurs du Vaudeville, arrêtés. » Cette phrase contient autant d'erreurs que d'affirmations : d'abord Léger n'avait rien à faire dans la question; ensuite la pièce ne fut pas interdite et ce ne fut que beaucoup plus tard que les auteurs furent arrêtés. De plus il n'est rien moins que certain qu'ils l'aient été à cause de la phrase citée plus haut, car elle ne tarda pas être supprimée et ne paraît pas même dans le livret de la pièce publié au lendemain de la première représentation. Nicolas Brazier écrit que le public voulut voir dans cette pièce des allusions au procès futur de Marie-Antoinette; quoi qu'en disent Muret (op. cit.), Jauffret («Théâtre révolutionnaire») et l'article du Grand Larousse concernant le théâtre de la Révolution, il semble bien que Brazier ait raison.

En effet, on peut lire, dans « La Chronique de Paris » du 31 janvier, le compte-rendu d'une séance de la Commune, où l'un des acteurs du Vaudeville vint se plaindre des scènes de désordre occasionnées par des « patriotes », dans la soirée du 29. Envoyés là par une dénonciation de l'immonde Hébert (« Père Duchêne », 28 janvier 1793), ces énergumènes avaient pris ombrage du couplet suivant, redemandé par le public :

> Affecter candeur et tendresse,
> Du plus offrant que l'amour presse
> Recevoir argent et présent,
> C'est ce que l'on fait à présent.
> Refuser plaisir et richesse
> Pour conserver gloire et sagesse :
> De la mort braver le tourment,
> Oh! c'est de l'ancien testament.

Un membre de la Commune déclara qu'il n'y voyait aucune allusion à la reine, ce qui nous prouve bien que c'était là le grief formulé par les « patriotes ».

Toujours est-il que les représentations continuèrent, quoique le théâtre fût placé à partir de ce moment sous la surveillance de la police, et les auteurs demeurèrent en liberté. Ceci n'offre aucun doute, car d'abord « La Quotidienne », journal qui semble nourrir des sentiments très cordiaux pour nos trois auteurs, ne souffle mot de leur prétendue arrestation au lendemain de la première; en outre, on peut lire dans son numéro du 24 mai : « Nous voici revenus au joli petit théâtre du

Vaudeville, dernière planche que l'esprit et la gaieté française ont saisi dans le naufrage. Là, sous la direction des aimables auteurs, mais aussi sous la surveillance des pistolets de *Mamin*..., les modérés, les nihilistes vont se distraire de leurs frayeurs de la journée. » Et le critique ajoute une liste des pièces nouvelles jouées au Vaudeville durant les derniers mois et dont plusieurs sont de Barré, Radet et Desfontaines, ce qui prouve qu'ils étaient demeurés en liberté. Enfin, ce même journal, dans son numéro du 27 septembre, rendant compte d'une nouvelle pièce de Radet, écrit : « On a dit que l'auteur était *anonyme*, mais on le *nommoit* tout bas. Nous croyons que ce pourroit bien être l'un des triumvirs que la Feuille du Salut public annonce avoir été envoyés rimer aux Madelonnettes. » C'est donc vers la fin de septembre que Barré, Radet et Desfontaines furent arrêtés. Or, on était à la veille du procès de Marie-Antoinette, il ne fallait pas un grand effort d'imagination pour voir dans « La chaste Suzanne » des allusions à cette malheureuse femme que l'adversité devait réhabiliter. Il me semble donc que l'on peut, sans trop de présomption, conclure en faveur de la thèse de Brazier.

Mais les auteurs, eux, avaient-ils voulu défendre la reine ? Qu'ils aient fait dans la pièce en question le procès de leur époque, cela ne peut laisser de doute. En effet, à côté de scènes assez drôles, celle entre les deux vieillards à l'affût, par exemple, que de couplets mordants contre les mœurs contemporaines ! Mais quant à se faire les champions de la reine, c'est une autre histoire ! Les platitudes des « triumvirs » pour rentrer dans les bonnes grâces de la Commune, le « sans-culottisme » exagéré dont ils assaisonnèrent leurs pièces après leur libération, tout cela n'indique pas des preux. Mais nul doute que leurs quelques semaines de prison n'aient pesé lourd dans la balance lorsqu'à la Restauration ils demandèrent et obtinrent croix et pensions.

III

Examen des pièces sur le clergé et la religion

J'ai dit, au chapitre sur les pièces concernant la noblesse, à quel point celle-ci s'était attiré la colère du peuple par ses exactions et ses iniquités. Mais un autre ordre privilégié lui disputait la première place peu enviable dans le ressentiment populaire : le clergé. Tout ce que l'on reprochait aux nobles était également vrai de la majeure partie du clergé, avec cette aggravation que ses membres se disaient les représentants d'un Dieu qui a prêché l'humilité et la pauvreté; qu'ils étaient les ministres d'une religion où la chasteté est considérée comme la première des vertus, d'une religion qui enseigne l'égalité de tous les hommes et le renoncement aux jouissances terrestres.

Les apologistes du clergé ont coutume de taxer de grossière exagération tout ce qui a été écrit contre lui durant la Révolution. Welschinger dit, au chapitre des pièces sur la religion (op. cit.) : « Les auteurs dramatiques de la Révolution ont fait appel à la haine, aux passions sauvages, au mensonge, à la calomnie, à l'obscénité pour porter à leur ennemie les coups les plus violents. » Il traite d'inepties les pièces écrites sur le clergé et les «moines inoffensifs». Muret tient à peu près le même langage. J'ai peine à comprendre tant de colère: les auteurs n'ont fait que porter à la scène des choses que l'on écrivait ou racontait partout depuis..., mais depuis la fondation de l'Eglise catholique, ou peu s'en faut. Etienne et Martainville, analysant la pièce « Le Mari Directeur », (Th. Français, 25 février 1791), écrivent : « C'est alors qu'on a commencé à salir la scène française par des parades ignobles » (« Histoire du Théâtre Français »). Or cette comédie de Carbon Flins n'est autre que le conte de Boccace, bien connu par la version qu'en fit le bon La Fontaine. Non certes, on n'avait pas attendu la Révolution pour dénoncer l'ambition, l'orgueil, le lucre, la paresse, la luxure, la gourmandise du clergé, tant régulier que séculier. Les auteurs révolutionnaires n'ont pas mis au théâtre la millième partie des turpitudes reprochées aux moines et aux prêtres dans les conciles et dans les chroniques ecclésiastiques. Au moyen âge, la littérature populaire de tous les pays est pleine de dénonciations contre les mœurs du clergé. Faut-il citer la « Poésie populaire latine », publiée par Du Méril, les poèmes attribués à Walter Map, en latin également, où je cueille ces vers :

Qui sunt qui ecclesias vendunt et mercantur ?
Qui sunt fornicarri ? Qui sunt qui moechantur ?
Qui naturam transvoltant et abominantur ?
Qui ? clérici; a nobis non longe extra petantur.

En langue vulgaire nous avons les fabliaux, où l'on voit « les bons gros moines » emmenés en enfer; les fables satiriques de Nicole Bozon, prédicateur anglo-normand du quatorzième siècle, où le clergé est accusé de cupidité et d'immoralité; enfin maints petits poèmes tels que celui-ci, où les moines, surtout, sont attaqués :

Ich man that here shal lede his life
That has a faire doghter or a wyfe
Be ware that no frere hame shryfe
    Nauther loude ne still.
For when the gode man is fro hame
And the frere comes to oure dame
He spares, nauther for synne de shame
    That he ne dos his will.

(Monumenta franciscana, p. 602).

La provision du couvent

Gravure à la mode à la fin du XVIIIe siècle

Faut-il citer Boccace, Bonaventure des Périers, Rabelais et leur élève, la Fontaine ? Tous ces auteurs n'épargnent pas plus les nonnes que les moines ; il est donc bien difficile d'admettre l'opinion de P. de la Gorce sur les couvents de femmes (« Histoire religieuse de la Révolution française », t. I, p. 74). Sans doute la Réforme, puis le Jansénisme avaient-ils obligé l'Eglise à prendre des mesures contre les couvents où la règle n'était plus respectée. Mais comment croire à tant de vertu parmi les religieuses, alors que leurs élèves, car « on peut dire que tout l'enseignement des filles repose sur elles » (id. p. 75), sont les tristes héroïnes de la société débauchée du dix-huitième siècle? Est-il croyable que « Les Nonnes galantes », du marquis d'Argens, aurait trouvé des lecteurs, et « La Religieuse », de Diderot, des crédules, si dans chaque famille il s'était trouvé des femmes pour se porter garantes des mœurs des religieuses ?

Il est vrai qu'à la veille de la Révolution ce sont avant tout les privilèges pécuniaires du clergé que l'on combat ; la dîme, surtout, paraissait intolérable.

« Que comptez-vous demander à l'Assemblée ? demandait M. de Coigny en 1789 à un paysan de son baillage nommé député. — La suppression des pigeons, des lapins et des moines. — Voilà un rapprochement bien singulier ? — Il est fort simple, Monseigneur; les premiers nous mangent en grain, les seconds en herbe et les troisièmes en gerbes. » Dans un poème dédié à Louis XVI pour sa fête, en 1789, on peut lire :

> Fuyez lièvres, moines, pigeons :
> Lapins rentrez dans les garennes,
> Vous ne dixmerez plus sur nos plaines,
> Et pour nous seuls nous sèmerons.

On voit que le peuple ne jugeait pas, comme M. Welschinger, les moines « inoffensifs ».

L'opinion populaire était d'ailleurs partagée par beaucoup de membres du clergé séculier, notamment par les curés de campagne. En 1774, l'archevêque de Rouen ayant demandé aux curés de son diocèse un état exact des fonds destinés, dans leurs paroisses, au soulagement de l'indigence reçut quelques réponses édifiantes sur la charité des moines et des religieuses. Le curé d'Elbœuf-en-Bray, le félicitant d'avoir supprimé plusieurs couvents, ajoutait : « Aujourd'hui on a ouvert les yeux, on sçait à quoi les moines sont bons. Quand même on ne s'emparerait que de leur superflu, les grandes vues du Roi seroient remplies. » Le curé d'Ouvil le-l'Abbaye écrit : « Nos MM. les religieux Feuillants, au nombre de quatre, demeurant dans ladite paroisse, jouissant du meilleur bien du lieu, à qui j'ai communiqué votre lettre, m'ont dit qu'ils n'étaient obligés en rien envers vos pauvres. » Le curé de Boos, réduit au tiers des dîmes, informe l'archevêque que les religieuses de Saint-Amand, bénéficiaires des deux autres tiers, se contentent de faire distribuer 5 ou 6 boisseaux de blé après la tenue de leurs plaids. L'abbé de Lire, gros décimateur de la Neuville-Chant-d'Oisel, a fait distribuer aux indigents de sa paroisse la magnifique somme de 24 livres en l'espace de neuf ans ! L'abbé de Saint-Wandrille, seigneur-patron et gros décimateur d'Ectot-les-Baons, a bien voulu promettre un subside annuel de 50 livres ; mais il ne l'a versé qu'une fois en dix-huit ans !

Les derniers faits que je viens de citer confirment ce que dit P. de la Gorce de l'avidité des abbés. Passant leur existence à la cour, ceux-ci, dit-il, auraient souvent réduit leurs administrés à la portion congrue. Cependant, s'il est bien possible que les sous-prieurs aient parfois manqué d'argent liquide, il est sans exemple que l'on ait fait mauvaise chère dans un couvent de religieux. Or, les paysans qui n'avaient pas toujours de quoi satisfaire leur faim, voyant les mines réjouies des moines, ne pouvaient s'empêcher de songer que c'était de leur sueur que ces hommes se nourrissaient sans rien faire. Un pamphlet dédié à Mgr de Brienne, en 1789, exprime bien les sentiments populaires à l'égard des moines. Il s'intitule : « Arlequin réformateur dans la cuisine des moines, ou plan pour réprimer la gloutonnerie monacale au profit de la nation épuisée par les brigandages des harpies financières. » Il y est dit : « Les compères ont furieusement de l'argent ! Qu'en font-ils donc ? Ils l'emploient à trois choses : 1° à satisfaire leur avarice sordide; 2° à nourrir leur insatiable gloutonnerie ; 3° à entretenir leurs amours. » Déjà le marquis d'Argens avait écrit : « Riches des revenus de l'Église, les deux abbés en firent l'usage qu'en font communément ceux de leur robe : c'est à dire que le patrimoine des pauvres fut employé à entretenir le luxe et la mollesse de leurs jeunes amantes. » (« Les Nonnes galantes », p. 101.)

Tout ce qui précède doit être présent à l'esprit si l'on veut juger impartialement les pièces concernant le clergé jouées pendant la Révolution. On voit alors que cette Révolution n'a rien inventé contre cet ordre; qu'elle s'est bornée à assurer l'impunité à ceux qui l'attaquaient, et à permettre que le costume religieux fît partie des accessoires scéniques. Quant au fanatisme, catholique ou autre, Voltaire avait tout dit contre lui, si bien qu'en 1794, lorsque Duval et Picard voudront faire une pièce contre les excès religieux, ils se borneront à porter à la scène l'un des délicieux romans du maître.

D'autre part, on ne doit pas perdre de vue que le catholicisme demeura, pour presque tous les Français, le seul culte national jusqu'à la déchéance du roi, et même après. Dans ces conditions, il n'était guère possible d'attaquer ce culte, au moins au théâtre. A Paris, la municipalité fit retrancher de l'opéra « Corizandre » (Théâtre de l'Opéra, 7 mars 1791) les vers que voici, ayant trait au mariage des prêtres :

Je vois plus, abjurant ses antiques maximes,
Du trône des Césars un successeur fameux
Est surpris de se voir des enfants légitimes;
Il se mêle à leurs moindres jeux;
Et, sortant des bras de leur mère,
Il prend un tambourin pour jouer avec eux,
Et la thiare enfin devient héréditaire.

Mais la religion fut ravalée au niveau d'une opinion politique par ceux-là mêmes qui s'en disaient les paladins. Le peuple ne fut pas long à s'apercevoir que les grands ne s'abritaient derrière la religion que pour mieux défendre leurs privilèges. « Les courtisans et les privilégiés devinrent tout à coup dévots; on le fut à la cour; on le fut même à Worms et à Coblentz. Mais les citoyens de Paris ne furent pas dupes de cette mômerie. » (Rabaut Saint-Etienne, op. cit.) Madame Elisabeth disait qu'il y avait « un retour à Dieu de toute la bonne compagnie ». A ce sujet, rien de plus instructif que le chapitre : « Expérience religieuse et christianisme de sentiment », du livre de F. Baldensperger, déjà cité. En voici un passage : « Désormais elle fera partie intégrante de toutes les vues contre-révolutionnaires, la commode promesse que l'obédience religieuse est la sécurité des Etats. Elle se nourrit de sa propre doctrine, non seulement chez les ecclésiastiques et les croyants sincères, mais chez les incrédules notoires qui trouvent prudent de préconiser l'encouragement officiel du culte pour les autres, pour la masse que devront surveiller désormais des prédicateurs attitrés de résignation sociale. » (t. II. p. 183). Religion et contre-révolution furent donc bientôt synonymes, et cette assimilation devait fournir matière à plus d'une tirade dramatique. Mais je n'ai à m'occuper ici que des pièces où le clergé et la religion sont le prétexte de couplets plus ou moins spirituels et de scènes parfois assez amusantes.

LA PREMIERE PIECE METTANT LES COUVENTS EN SCENE. — Ce fut le 16 avril 1790, au Théâtre Français, que l'on vit pour la première fois l'habit religieux sur la scène. La pièce était « Le Couvent, ou les Fruits du Caractère et de l'Education », comédie en un acte et en prose de Laujon, le spirituel vieillard qui la signa : « Laujon, sans-culotte pour la vie ». Dans son « Histoire universelle du Théâtre », A. Royer dit que Laujon n'écrivit sa pièce que par crainte (en 1790!); c'est avouer ne pas l'avoir lue, car jamais rien, pas même le poème de Gresset, « Vert-Vert », n'a été écrit de plus innocent. On y voit une sœur tourière un peu bavarde dont les indiscrétions révèlent les péchés mignons des nonnes et de leurs pensionnaires; puis une riche marquise déguisée en professeur de dessin, afin de pouvoir étudier « incognito » le caractère d'une jeune fille, très riche aussi, qu'on lui propose pour bru; enfin une jeune fille pauvre, mais instruite et sensée, que la marquise choisit de préférence à l'autre qui est sotte et ignorante. Bref, c'est une pièce pour pensionnats. Son succès fut brillant et soutenu; mais Laujon lui-même l'attribue surtout à la nouveauté du costume. Si je l'ai citée ici, c'est uniquement parce qu'elle est la première manifestation d'un nouvel état de choses.

LES MŒURS DU CLERGE. — Dans presque toutes les pièces où il est question du clergé, on lui reproche ses mœurs et sa cupidité. J'ai cité les regrets tout profanes de l'abbé dans « Les trois Cousins »; dans « Le Réveil d'Epiménide », un autre abbé chante :

J'ai perdu mes bénéfices.
Rien n'égale ma douleur.

Dans « La Fête de la Liberté, ou le Dîner des Patriotes », comédie de C. Ph. Ronsin (Th. du Palais Royal, 12 juillet 1790), il est une scène fort amusante sur les moines; la voici :

LE GASCON, au moine

Hé, que dites-vous de la réforme ?

LE MOINE

Rien.

LE POETE

Il n'en pense pas moins.

LE GRENADIER

Je le crois bon diable.

UNE CITOYENNE

Mais pour avoir le teint si frais et si vermeil,
A-t-il quelque secret ?

LE POETE

Le dortoir et la table.

LE GRENADIER

Oui, chez eux l'ordinaire étoit...

LE MOINE

Bon.

UNE CITOYENNE

Le sommeil ?

LE MOINE

Long.

LE GASCON

Et l'office ?

LE MOINE

Court.

DORVAL

Fort bien.

UNE CITOYENNE

Père Grégoire,
Ce bon temps-là n'est plus, la Constitution
Vient de fermer le réfectoire.

LE GASCON

Et le pire de ça, c'est que la pension
Ne vous laisse pas de quoi boire.

LE MOINE

Oh ! non.

Mais ceci est bien anodin, on est encore en monarchie; le clergé n'a pas encore ouvertement lié partie avec la contre-révolution.

« La Papesse Jeanne », comédie en vers et en vaudeville de l'ex-abbé F. P. A. Léger (Th. de la rue Feydeau, 26 janvier 1793), ouvre l'ère des satires violentes. On connaît l'histoire de cette papesse à laquelle tant de gens ont cru ; Léger en fait le prétexte d'une dénonciation des mœurs du clergé en général et des cardinaux en particulier. Voici la pièce : le consitoire est réuni pour élire un pape ; mais les cardinaux se querellent et se reprochent mutuellement leurs vices, ce qui fait dire à l'intendant Boniface :

S'ils proscrivent pour faire un choix
Luxure, orgueil et gourmandise,
Ils ne pourront jamais, je crois,
Trouver le Pape dans l'Eglise.

L'élection faite, ils s'attendent à l'habituelle distribution des bénéfices et d'une partie des fonds du trésor, mais Jeanne les détrompe vite :

JEANNE

Du peuple, m'a-t-on dit, les impôts sont trop forts,
J'en supprime deux tiers.

JEJUNGO (cardinal)

O ciel ! quelle entreprise !
Mais daignez donc songer que l'honneur de l'Eglise
Peut en souffrir.

JEANNE

Du tout, Messieurs les Cardinaux;
Sur vos immenses biens on prendra ces impôts :
Pour des gens dont plusieurs ont fait vœu d'indigence,
Il sied mal d'afficher le faste et l'opulence.

Puis après leur avoir reproché le scandale de leur conduite, elle ajoute :

De vous rendre meilleurs il n'est qu'un seul moyen :
Le célibat du vice est la source infinie;
Je veux que désormais le Clergé se marie.

Aussitôt elle annonce qu'elle donnera l'exemple et elle se déclare femme. Le peuple rit de la méprise, et les cardinaux courent recommencer les cabales et les brigues pour la nomination d'un nouveau pape.

La pièce eut un grand succès et tint longtemps l'affiche. Cependant les critiques sont unanimes à lui reprocher de manquer parfois de décence. « La Quotidienne », du 29 janvier 1793, écrit à ce propos : « Parmi plusieurs scènes purement écrites et vraiment agréables, ainsi que beaucoup de couplets ingénieux et bien tournés, on a justement improuvé des plaisanteries assez fortes et des traits peu châtiés pour les mœurs, qui, dans les républiques surtout, doivent être sinon austères, du moins pures et irréprochables. » En lisant ces mots on fait malgré soi la réflexion que Léger était un ex-abbé.

Presque aussitôt on vit paraître deux autres pièces sur le même thème : l'une par Carbon Flins, l'autre par Faucompret, moins gaies que celles de Léger; et moins décentes encore en ce qu'elles suivaient la légende jusqu'au bout.

Dans « La Partie quarée », opéra-folie en un acte et en vers de L. Hennequin (Th. de la rue Feydeau, 27 juin 1793), ce sont les mœurs des moines qui sont en cause. Un couvent de femmes a été transformé en caserne de dragons; mais les moines voisins l'ignorent encore. Deux jeunes officiers surprennent le projet du père Séraphin qui propose au frère Modeste de déjeuner sur l'herbe avec deux béguines. Ils se déguisent en religieuses et se laissent faire la cour par les moines; mais au moment où l'on entend battre la générale, ils se révèlent et font une peur bleue aux capucins. Finalement ceux-ci se font soldats. Opéra-folie est le vrai nom de ce petit rien qui fit rire et fut joué très souvent.

LE MARIAGE DES PRETRES. — On sait que l'un des griefs les plus sérieux des catholiques restés fidèles à Rome contre la nouvelle organisation du clergé, c'est qu'elle permettait le mariage des prêtres. Cependant l'Assemblée n'avait eu en vue que le bien public. Nombreuses, en effet, et souvent répétées au cours des siècles ont été les plaintes des laïques contre le danger que le célibat des prêtres faisait courir à leurs femmes et à leurs filles.

Que dit Walter Map, à la fin du XIIe siècle

Quid agant presbiteri propriis carentes ?
Alienas violant clanculo molentes,
Nullis pro conjugiis fœminis parcentes
Poenam vel infamiam nihil metuentes.
(De Concubinis sacerdotum).

Et Lépitre, dans sa comédie « Arlequin imprimeur » (Th. de la Cité-Variétés, 16 juillet 1794) :

Moines, abbés pouvaient chérir
Du célibat le saint usage;
Mais renonçaient-ils au plaisir,
En renonçant au mariage?
De ces mortels chastes, pieux,
Les désirs valaient bien les nôtres;
Et ce qu'ils n'avaient pas chez eux,
Ils l'allaient prendre chez les autres.

Donc, à une distance de six cents ans, le reproche est le même : parce qu'ils sont condamnés au célibat les prêtres prennent les femmes des autres. Le seul remède à cet état de choses, c'est de les marier.

Dès 1790 on voyait circuler à Rome une comédie intitulée « La Journée du Vatican, ou le Mariage du Pape ». Cette pièce signée Andréa Giennaro Chiavacchi ne fut jouée qu'en 1793, au Théâtre Louvois. Le pape, inquiet de ce qui se passe en France, réunit le consistoire auquel assistent les cardinaux Loménie et Bernis, et l'archevêque Juigné, ainsi que la duchesse de Polignac, la comtesse de Canisy, Mme Lebrun et la princesse de Santa-Croche. La duchesse, qui s'ennuie à Rome, a d'abord fait servir au pape un souper où il a bu et chanté un couplet en l'honneur de Noé, de sorte qu'il est un peu gris lorsque le consistoire s'assemble. Aucun des cardinaux ne peut donner un conseil pratique, aussi, lorsque le peuple romain fait renoncer à ses mômeries et régner en chef et non en irruption dans le Vatican pour lui demander s'il veut maître, le pape n'offre-t-il aucune résistance. Jurant d'accepter la Constitution française, il se tourne ensuite vers les cardinaux et les invite à redevenir des citoyens; lui-même en donne l'exemple en promettant d'épouser la duchesse de Polignac aussitôt qu'elle aura divorcé. Il exécute un fadango avec la duchesse et la pièce finit par un ballet et un vaudeville.

La «Gazette Nationale», analysant cette pièce dans son numéro du 3 septembre, dit que c'est une débauche d'esprit et de gaîté; «...Tout cela jugé d'après Aristote pourrait bien ne pas être d'une régularité extrême. Mais enfin la pièce fait rire et jette le ridicule à pleines mains sur les ennemis de la Révolution; il nous a paru que c'était l'unique but de l'auteur, et les spectateurs nombreux semblent à chaque représentation attester que ce but est rempli. »

Mais ce mariage papal n'est qu'une plaisanterie; la pièce qui met sérieusement en scène un prêtre marié, aimé et honoré par ses ouailles, est celle de Radet, intitulée « Au retour », fait historique et patriotique (Th. du Vaudeville, 5 novembre 1793). Mathurin veut marier sa fille Lucette à Justin, et il fait les préparatifs pour célébrer les fiançailles le soir même. Les invités arrivent et, en attendant le maire, ils chantent et dansent. Le curé et sa femme se joignent au groupe et Mathurin dit la chanson qu'il avait composée pour leurs noces. Welschinger cite la chanson de Mathurin en priant ses lecteurs de lui pardonner cette audace. Or, elle ne fait que décrire en termes un peu vifs, je l'avoue, un pasteur protestant comme il en est par milliers : bons citoyens, bons époux, bons pères, et certes aussi bons chrétiens que les ministres célibataires du culte catholique. Je remarque en outre que Welschinger a omis le quatrième couplet, le seul qui pût sérieusement offenser les catholiques romains, car le pape y est traité de « vieux évêque de Rome ». Il est vrai que Montesquieu l'avait bien appelé « vieux bonze ».

LES VŒUX FORCES. — L'Assemblée ayant jugé qu'il était d'autres victimes du célibat forcé : les religieuses malgré elles, avait décrété que celles qui désireraient quitter leur couvent pourraient le faire avec impunité. Il s'agissait là d'un acte de justice attendu depuis longtemps. On sait en effet que nombre de malheureuses furent condamnées au cloître bien malgré elles, et pour des motifs où la dévotion n'avait aucune place. Le côté dramatique de leur situation n'avait pas échappé aux écrivains d'avant la Révolution; mais la censure était trop sévère pour qu'elle pût être exposée au théâtre. M. Ed. Estève dit qu'elle avait été exploitée en poésie dès le XVIe siècle; mais il y a des pièces bien plus anciennes que celle qu'il cite, celle-ci, par exemple, qui date du XIIe ou du XIIIe siècle :

> Ki nonne me fist Jesus lou maldie !
> Je dis trop envis vespres ne complies,
> J'aimaixe trop miels moneir bone vie
> Ki fust deduissans et amoureusette
> Je sens les douls mals leis ma senturette.
> Maldis soit de Deu ki me fist nonnette.

Ce professeur cite cinq drames écrits et joués pendant la Révolution ayant pour sujet les vœux forcés. Mais il n'y eut pas que des drames, il y eut aussi des comédies. La première en date, je crois, est cette comédie de Carbon Flins que j'ai déjà citée : « Le Mari directeur, ou le Déménagement du Couvent ». Le mari, M. Dorval, commissaire du district, vient prévenir les sœurs d'un couvent qu'elles peuvent ou rester, ou reprendre leur liberté. Parmi elles se trouve sa fille, que sa femme, la seconde Mme Dorval, a obligée à prendre le voile. Cette jeune fille et le jeune prieur du couvent s'aiment. Craignant que le monde ne les sépare à jamais, la jeune fille choisit de rester au couvent, quitte à aimer sans espoir. Son père découvre son secret; il promet de protéger celui qu'elle aime et de les unir si tous deux veulent rentrer dans le monde.

La pièce n'est pas si méchante qu'on l'a dit. Il s'y trouve bien quelques couplets grivois à l'adresse des religieuses d'âge mûr, mais on connaissait ce refrain de longue date.

Plus amusante est la comédie de B. Demautort intitulée « Le petit Sacristain » (Th. du Vaudeville, 13 mars 1792). Le petit sacristain d'un couvent de femmes a prêté ses services à Dorval, amant de Constance, novice par la volonté paternelle. Ce jeune homme, secondé par la marraine de Constance, veut enlever celle-ci. Entré dans le jardin du couvent sous l'habit d'un Bernadin, il parvient à emmener la jeune fille ainsi qu'une de ses amies. Le sacristain fait tomber les soupçons sur le prieur du couvent, le père Antoine ; cela donne lieu à une scène assez drôle où le chœur des religieuses chante :

On doit, pour prévenir ces crimes odieux,
Mettre en ménage
Les religieux.

Mais l'abbesse reçoit de la marraine de Constance une lettre qui éclaircit le mystère et réhabilite le père Antoine.

Avec « Les Dragons et les Bénédictines », comédie de Pigault-Lebrun (Th. de la Cité-Variétés, 1er novembre 1793), nous retombons dans un genre d'esprit un peu vulgaire. Cependant la pièce était gaie et elle eut un énorme succès. Elle eut même les honneurs d'être reprise au siècle suivant.

J'hésite à inclure, parmi ces pièces où il est question de vœux forcés, la jolie comédie de Picard, « Les Visitandines ». Mais M. Estève la classe parmi les pièces anticléricales, et le Grand Dictionnaire Larousse (article cité) dit que cette pièce commença les attaques contre les moines et les monastères, en quoi il a doublement tort. En premier lieu, elle est de juillet 1792, ensuite les monastères n'y sont pas plus attaqués que dans l'opérette célèbre de Paul Ferrier et Jules Préval, « Les Mousquetaires au Couvent ». Il est vrai qu'on y voit une jeune fille qui veut se faire religieuse parce qu'elle se croit oubliée; mais personne ne l'y oblige. Cette pièce toute remplie de jolis couplets eut un succès mérité; avant la fin de l'année elle avait eu 46 représentations, et elle fut souvent reprise au siècle suivant.

PIECES COMBATTANT LES SUPERSTITIONS OU RIDICULISANT LES CROYANCES. — Dans aucune des pièces qu'il m'a été donné de lire, le christianisme n'est directement attaqué. Les auteurs s'en prennent au culte catholique, et aux pratiques de dévotion, aux superstitions et, surtout, au fanatisme qui se cache souvent sous l'étiquette de la foi. Ce n'est pas, je suppose, qu'il n'y ait eu des pièces anti-chrétiennes; mais si l'on en croit l'exemple cité par G. Duval dans ses mémoires sur la Terreur, le public ne leur réservait pas un fort bon accueil. Il cite la pièce de Dutertre, acteur obscur d'un théâtre plus obscur encore, celui de l'Estrapade, intitulée « Arlequin Jésus-Christ », jouée ou plutôt huée avant la fin, le 17 octobre 1793. A ce propos il n'est pas sans intérêt de relever ce que Duval dit du public des théâtres. Il prétend que le bas peuple qui fréquentait le Théâtre de l'Estrapade pouvait sans crainte manifester sa désapprobation des pièces qu'on lui présentait; tandis que le public plus choisi du Théâtre de la République aurait couru de grands dangers s'il n'avait applaudi des pièces telles que « Le Jugement dernier des Rois ». Or Etienne et Martinville (op. cit.) disent à propos de cette pièce : « L'auteur fut demandé à grands cris par une tourbe féroce digne de savourer de pareils ouvrages. » Ces trois auteurs racontent les faits en témoins oculaires : lequel a raison ? Il serait pourtant bien intéressant de le savoir !

Mais je reviens aux pièces contre le catholicisme et les superstitions. Dans « A bas la Calotte, ou les Déprêtrisés », comédie d'un ex-abbé, Rousseau (Th. des Variétés amusantes, 22 novembre 1793), on voit un vicaire catholique et un pasteur protestant renoncer à « propager l'erreur ». Cependant le vicaire affirme que le Dieu de la nature recevra toujours ses hommages, il ne renonce qu'à des « mômeries » :

Un culte aussi vain que frivole,
Voilà ce que nous abjurons.
Osez envisager l'idole,
Et voyez qui nous adorons :
Un pape agitant sa marotte,
Prêchant des vertus qu'il n'a pas,
Ayant un trône et des soldats,
Quand saint Pierre fut sans-culotte.

Dans la pièce de Radet et Desfontaines, « Encore un Curé » (Th. du Vaudeville, 21 novembre 1793), le même thème est développé ; mais ici plus de bigote pour regretter l'Inquisition : tous les habitants du village sont de l'avis de leur curé, même sa vieille servante Gothon qui chante :

Faisons un feu de joye
D'nos saints d'bois, Pierre et Laurent,
Portons à la monnoye
Jacq' et Jean, qui sont d'argent ;
Pour en faire un bon usage
J'les offrons à la nation
Et l'jour où j'en f'rons l'hommage
S'ra la fête d'la Raison.

Mais ces pièces sont bien médiocres et leur succès ne flatte pas plus leurs auteurs que leur public. Celle que Picard et Duval firent représenter à l'Opéra-comique national, le 5 février 1794, leur est de beaucoup supérieure. Cette comédie en trois actes avec ariettes, intitulée « Andros et Almona, ou le Philosophe français à Bassora », est fondée sur le roman de Voltaire, «Zadig». On connaît l'épisode de Zadig sauvant la jeune veuve Almona du bûcher, et déchaînant ainsi la colère des prêtres des étoiles ; puis le stratagème d'Almona pour soustraire Zadig à leur vengeance. Picard et Duval font de Zadig un jeune français, Andros, et ils imaginent de joindre aux brahmines un dominicain, un rabbin et un iman, et de leur faire épouser leur haine pour Andros, car ils se sentent tous menacés par l'esprit de liberté qui anime le jeune homme. Lorsqu'après bien des péripéties les brahmines sont confondus, les trois prêtres catholique, juif et musulman veulent s'emparer de leurs fidèles, Andros dit à ceux-ci : soyez bons citoyens, bons pères, bons époux, bons amis; servez les hommes et votre patrie et vous aurez rempli tous les devoirs que prescrit l'Etre suprême, le Dieu de toutes les religions.

Il me reste à citer une pièce qui sera peut-être jugée hors de place ici; cependant elle combat une superstion qui, si elle n'est pas directement apparentée au christianisme, n'en découle pas moins par le crédit que cette religion a accordé aux sorciers. Cette pièce est de Pujoulx, un auteur qui avait de nobles idées et qui savait allier la gaîté à la sagesse ; elle est intitulée «Cadichon, ou les Bohémiennes», et fut jouée au Théâtre Feydeau, le 12 mars 1792. C'est l'aventure d'un benêt qui croit aux sorcières. Il est amoureux de Nicette, il en est jaloux aussi, et, pour savoir s'il est aimé pour lui-même, il prend la résolution de demander à des Bohémiennes passant par le village de l'enlaidir ; mais seulement pour quelques heures. Elles acceptent moyennant finance, mais lui recommandent bien de ne pas chercher à se voir, sinon elles ne pourraient plus détruire l'effet du sortilège. Nicette, ayant surpris la conversation de Cadichon et des Bohémiennes, reproche à l'une d'elles d'avoir accédé à la demande du jeune homme. — « Et vous êtes assez méchantes pour vouloir faire ce qu'il vous demande! — Nous le voudrions que nous ne le pourrions pas », répond la Bohémienne. Rassurée, Nicette jure de punir son amant de sa jalousie, et elle court prévenir le père de Cadichon et les paysans qui travaillent avec lui. Entretemps les Bohémiennes ont fait des signes cabalistiques sur Cadichon, puis, feignant de le trouver hideux, elles sont parties en lui disant qu'il les retrouverait non loin de là. Nicette revient et fait accroire à Cadichon qu'il est vraiment trop laid pour qu'elle puisse l'aimer encore; ensuite les autres surviennent qui s'apitoyent ou se mettent à rire à la vue du pauvre benêt. Triste et fâché tout ensemble, Cadichon se sauve pour aller retrouver les sorcières, jurant de se venger des moqueries de ses amis. Il revient bientôt tête basse : les Bohémiennes ont disparu ! Son père cherche à le consoler et veut l'obliger à se regarder dans un miroir; mais Cadichon se débat de toutes ses forces. Enfin Nicette parvient à placer le miroir sous ses yeux; mais il est tellement convaincu de l'efficacité des incantations de la sorcière qu'il recule épouvanté! Ce n'est qu'à la deuxième fois qu'il s'aperçoit qu'on l'a joué. Il jure de ne plus croire aux sorcières.

Cette comédie très gaie, pleine de jolis couplets, obtint un grand succès et fut jouée 80 fois de suite. Je ne puis résister à l'envie de citer la chanson du père de Cadichon, en réponse à la Bohémienne qui veut lui dire la bonne aventure :

Croire à vot' science vraiment
Est sottise pure;
Pour moi j' suis tout bonnement
Les lois de la nature.
Quand je n'étais pas si vieux
Je lisais dans deux beaux yeux
Ma bonne aventure, ô gué!
Ma bonne aventure.

Tant qu'on est dans son printemps
La recette est sûre;
Lorsqu'on sent venir les ans
On change d'allure.
Oui, chaque âge a son devin,
Et j' lis dans un verre de vin
Ma bonne aventure, ô gué !
Ma bonne aventure.

Pujoulx aurait sans doute été bien étonné s'il avait pu prévoir que sa pièce serait encore d'actualité en l'an

1925. En effet, la religion a presque partout cessé d'occuper la première place dans l'Etat; les mœurs du clergé se sont épurées; le pape n'est plus qu'un souverain spirituel, et le fanatisme meurt d'impuissance; mais les diseuses de bonne aventure continuent de faire des dupes, et la croyance aux sortilèges est encore tellement vivace qu'elle peut remplir les journaux de France, et du monde, des échos d'une histoire d'envoûtement !

IV

Examen des pièces sur l'égalité

Ce fut le 12 août 1789 que la Constituante vota le texte de la Déclaration des Droits de l'Homme commençant par ces mots : « Les hommes naissent et demeurent égaux en droits. Les distinctions sociales ne peuvent être fondées que sur l'utilité commune. » Cette déclaration attendue et reçue avec enthousiasme par la majeure partie du peuple français a été tour à tour exaltée et vilipendée. De nos jours même on ne s'entend pas encore à ce sujet. «Elle repose sur des principes si justes, dit l'historien Ducoudray, qu'on pourrait l'opposer au despotisme qui tendrait à venir d'en bas. » (« Histoire et Civilisation modernes», p. 462.) Par contre, l'abbé Vivier, dans les commentaires de sa traduction de la Bible, publiée en 1892, écrit : « Voyez-le (le peuple français) au XVIIIe siècle, lorsqu'inspiré par Satan qui le possède, il commence son insurrection contre Dieu, en proclamant les « Droits de l'Homme ». (Exode, XII). Cette dernière opinion eût sans doute bien étonné les Français de 89, persuadés que la Déclaration remettait simplement en honneur les préceptes de l'Evangile! « Il est singulier de remarquer que l'Evangile n'est autre chose que la Déclaration des Droits », écrivait Rabaut Saint-Etienne. (op. cit).

Quelque opinion que l'on professe à ce sujet, il n'en demeure pas moins que le peuple français, en 89, avait une soif ardente d'égalité. Depuis des siècles il se voyait humilié par une foule de distinctions établies entre les différentes classes de citoyens. Les uns pouvant prétendre à tout dans l'Etat, les autres à rien; les uns, les plus riches, exonérés en tout ou en partie des charges fiscales, les autres écrasés sous leur poids; les uns gardant jalousement le privilège de l'instruction, les autres laissés dans une ignorance complète; enfin, les uhs honorés du titre de monseigneur et se faisant adresser la parole à la troisième personne par les autres qu'ils tutoient et à qui, avec condescendance et dédain, ils donnent de « l'ami ».

Les biographes de La Bruyère ont dit combien il avait été blessé, mortifié, même, par l'air de supériorité qu'affectaient les grands à son égard. Cependant La Bruyère, vivant au milieu des gens de cour, subissant même parfois leur charme, pouvait leur pardonner bien des défauts en faveur de leurs qualités. Qu'on imagine, dès lors, les sentiments de tous ceux qui n'avaient que des rapports lointains et espacés avec les nobles, et qui ne connaissaient d'eux que leur morgue. Quelle joie ils durent ressentir, ces membres méprisés du Tiers-Etat, lorsque la loi eut aboli jusqu'aux moindres vestiges des anciennes distinctions !

Mais le vin nouveau de l'égalité fit tourner quelque peu les têtes et l'on vit des citoyens confondre la contrainte avec le respect, la servilité avec la politesse.

EGALITE DE TOUS LES CITOYENS. — C'est sans doute contre cette confusion que Collot d'Herbois voulait s'élever lorsqu'il écrivit la scène de « La Famille patriote » que j'ai déja citée, et qui se termine par ces mots du vieil ouvrier Aubin à son fils invoquant les décrets : « D'accord... Mais crois-tu pour cela que le serviteur puisse méconnaître son maître ? Le pauvre cessera-t-il de respecter le riche, lorsqu'il sera bon, humain, généreux ?... Si l'égalité dispensait de la reconnaissance, elle deviendrait une grande injustice. »

D'autre part, ceux que l'on avait «égalisés» ne faisaient pas tous de fort bonne humeur le sacrifice de leur antique supériorité. Dans « Le Convalescent de qualité », Fabre d'Eglantine sut peindre d'une façon spirituelle la résistance d'un noble à ce nouvel état de choses. Dans « La Revanche forcée », comédie très spirituelle et agréable de Deschamps (Th. du Vaudeville, 10 février 1792), il est fait allusion à la faculté qu'auront désormais tous les citoyens de prétendre aux emplois :

Il pourra parvenir à son tour.
Marton, dans le siècle où nous sommes,
Le mérite aisément se fait jour,
Et la vertu place les hommes.
La carrière s'ouvre aujourd'hui
A plus d'un talent qui, peut-être,
Jadis n'aurait osé paraître,
Faute d'avoir un appui.

Cependant quelques esprits pratiques s'aperçurent bientôt que l'égalité n'est qu'un vain mot dans une société où il existe des gens qui ont tout et d'autres qui n'ont rien. C'est pourquoi, dans « La Fête de l'Egalité », comédie de Radet et Desfontaines (Th. du Vaudeville, 26 février 1794), on voit un riche cultivateur donner sa fille en mariage à un pauvre jardinier, « pour rétablir l'équilibre entre la richesse et l'indigence » et célébrer ainsi dignement la fête qu'il préside en sa qualité de maire.

EGALITE DE TOUS LES HOMMES.— Les Français en proclamant l'égalité de tous les hommes n'avaient pas entendu faire acception de race ou de couleur. On ferait de gros volumes avec les pamphlets écrits en faveur de l'abolition de la traite des noirs et de leur affranchissement. Mais l'intérêt et la religion s'unissant pour maintenir les préjugés contre les nègres, il fallut beaucoup de temps pour les déraciner. Les auteurs dramatiques qui auraient eu le dessein, dès cette époque, d'écrire en faveur des noirs, furent avertis de n'en rien faire par la chute organisée de la pièce d'Olympe de Gouges : «L'heureux Naufrage, ou l'Esclavage des Nègres». Ce ne fut que vers 1794 que l'on vit des pièces sur les nègres; « Sélico, ou les Nègres », opéra joué en janvier

1794 au Théâtre National de la rue de Louvois; fut un succès. Sans doute Arlequin au noir visage était-il depuis longtemps le héros d'une foule de pièces, mais le plus souvent il n'y était même pas fait allusion à sa couleur; tandis que dans « Arlequin imprimeur », amusante petite comédie de Lépitre (Th. de la Cité-Variétés, 16 juin 1794), Colombine dit expressément:

La nature
De ce noir qui vous fait horreur
N'est-elle pas aussi la mère ?
Que fait son pays, sa couleur ?
Dès qu'il est homme, il est mon frère.

ABOLITION DU DROIT D'AINESSE. — Mais l'égalité n'avait pas seulement été méconnue dans la nature et dans la société, elle n'existait pas davantage entre les membres d'une même famille. L'abolition du droit d'aînesse vint l'y rétablir, et je ne crois pas que, à part quelques économistes, personne s'en soit plaint à l'époque. Si, dans la comédie de Picard, «La Moitié du Chemin » (Th. de la République, novembre 1793), nous voyons deux frères jumeaux se quereller à qui sera l'aîné, ce n'est pas une question d'intérêt qui les divise, mais une sotte vanité. Le fils de l'un aime la fille de l'autre, mais leur union est rendue impossible par la querelle des deux frères. Un de leurs amis, un Gascon, voulant mettre fin au chagrin des deux jeunes gens, annonce à chacun des deux vieillards obstinés la mort de son frère. Très affectés de la nouvelle, avouant chacun avoir eu grand tort de prétendre au droit d'aînesse, ils se mettent en route pour recueillir l'héritage et se rencontrent à mi-chemin, dans la même auberge. Aussitôt mis en présence, ils se querellent de plus belle et c'est à grand'peine qu'on les réconcilie en leur démontrant le peu de valeur de l'objet de leur dispute :

Voyez ce qu'à Jacob Esaü le vendit.
Dans l'ancien Testament, si de telles vétilles
Se vendaient tout au plus pour un plat de lentilles,
Que peut valoir cela maintenant ? Moins que rien.

« Le Moniteur universel » dit à propos de cette pièce : « Elle a été très applaudie et a beaucoup fait rire... Le public a fait répéter une tirade dans laquelle, pour raccommoder les deux vieillards, il (le Gascon) leur représente que le droit d'aînesse ne vaut pas aujourd'hui qu'on y fasse attention. »

SIGNES PATENTS DE L'EGALITE : « CITOYEN » ET « TUTOIEMENT ». — Cependant la proclamation de la République avait mis à la mode les noms et les usages grecs ou romains. Le mot « monsieur » offusquait bien des gens comme entaché d'aristocratie, on le remplaça par le mot « citoyen ». Le pronom « vous » fut réservé au pluriel et un décret de la Convention invita tous les Français à se tutoyer les uns les autres. Ceci n'alla pas tout seul, on peut le croire ! Bien des gens qui n'avaient jamais employé le « tu » qu'envers leurs inférieurs, et souvent avec une nuance de mépris, jugèrent ce décret avec sévérité. On fit, à ce propos, plusieurs pièces assez amusantes. La première en date est d'un ardent jacobin, Aristide Valcour, et s'intitule « Le Vous et le Toi » (Th. de la Cité-Variétés, 30 novembre 1793). Marcel, cultivateur, voudrait marier sa fille à Félix, jeune homme pauvre, bon républicain ; sa femme préférerait pour gendre Glaçon, homme déjà mûr, mais fortuné. Ce Glaçon regrette fort l'ancien régime ; mais il dissimule ses sentiments. Toutefois il se montre tellement courroucé du nouveau décret que la mère Marcel elle-même finit par douter de son civisme. Lorsque le jardinier vient annoncer qu'un vieillard est tombé dans la rivière, Félix s'élance pour le secourir tandis que Glaçon reste indifférent à ce malheur. Ce trait le fait enfin connaître comme un homme sans cœur, par conséquent ne pouvant être que mauvais citoyen, mauvais époux. Voici un joli couplet de Félix sur les « vous » et les « toi » :

Le mot *toi* peint le sentiment;
Le mot *vous* peint l'indifférence.
Toi, oui, *toi,* ce mot est charmant,
Quoiqu'en dise la bienséance.
Vous effarouche les amours
Et *toi* les ramène toujours.

Malheureusement la pièce ne contient pas que de jolis couplets, il s'en trouve aussi de violents contre les Girondins et les modérés :

Ce seul mot me met en courroux :
Un *modéré!* quel monstre infernal!
Oui, dans l'ombre, ces gens sans âme
Nous portent les plus grands coups.
Tous ces soi-disant patriotes,
Qui vont partout prêchant la paix,
Servent au mieux les projets
Que forment les despotes.

Cela n'empêche pas le « Moniteur » du 2 décembre de faire le plus grand éloge de la pièce, « écrite comme on écrivait avant la Révolution », et d'ajouter : « Nous invitons les citoyens qui ont encore quelque répugnance à prononcer ce *toi*, qui doit être le lien de la fraternité universelle, à aller au Théâtre de la Cité applaudir « Le Vous et le Toi ». Sans doute, comme le firent tous ceux qui assistèrent à la première représentation, ils sortiront en *tutoyant* leurs voisins. »

Dorvigny fit également une comédie sur ce thème, « Les *Tu* et les *Toi* ou la parfaite Egalité » (Th. National, 24 décembre 1793); mais il plaça la scène chez des bourgeois et il sut agréablement corser la situation en faisant du jeune homme pauvre un frère naturel du prétendant riche. Cette pièce abonde en scènes drôlatiques; celle entre le jardinir Nicolas et la servante Claudine vaut la peine d'être citée en entier :

NICOLAS

Acoute donc, acoute donc, Claudine ; y a des drôles de nouvelles, va !

CLAUDINE

Quoi donc que c'est que y a encore ?

NICOLAS

Oh ! jarni ! t'aurais trop ri si tu m'avais entendu causer avec notre maître ! Emagine-toi comment que je l'appelons à st'heure.

CLAUDINE

Hé pardine ! le citoyen Francœur.

NICOLAS

Sans doute, mais tu n'y es pas encor. Je te demandons quand i me parle, et que l'y réponds, queuque je l'y disons ?

CLAUDINE

Eh ben, suivant ce qu'il te demande.

NICOLAS

Eh non, c'est pas ça... Comment qu'on parle au monde quand on l'y dit queuque chose ?

CLAUDINE

Ah dame ! je ne t'entends pas, moi.

NICOLAS, ***à part***

C'est vrai qu'elle ne connaît pas encore le púrier !... *(haut)* Acoute, j'allons t'expliquer ça : j'avons eu une leçon là-dessus, et j'allons t'en rende une aute... Tu vois bien que quand j'te parlons à toi, je te disons *toi,* pas vrai ?

CLAUDINE

La belle merveille ! Eh ben, après ?

NICOLAS

Après ?... Et sais-tu pourquoi je te disons *toi ?*

CLAUDINE

Pardine ! parce que t'es un grossier qui n'a pas de respect pour moi, et que je suis assez bonne pour le souffrir.

NICOLAS, *à part*

Ah jarni ! nous y v'là ! Voyez-vous l'orgueil, comme dit notre maîte ?... Ça se croit d'une aute pâte que nous apparemment !.. *(haut)* Eh ! tais-toi donc avec ton respect ! Est-ce que je te devons queuque chose ? C'est au contraire une bonté à moi quand je te disons *toi*, c'est une preuve d'amiquié... Mais c'est pas encore pour ça. Tu vois ben, à toi seule, si t'étais deux, ou ben trois, tu deviendrais un *purier;* et alors ce ne serait pus *toi.*

CLAUDINE

Comment ! ça ne serait pus moi !... Eh qui que ça serait donc?

NICOLAS

Ça serait *vous*. Comme à st'heure que t'es avec moi, quien; à nous deux, ça fait *vous*. Mais toi toute seule ça fait toujours *toi*.

CLAUDINE

Pardine ! je le crois bien que ça fait toujours moi... Mais qu'est-ce que tu m'embrouilles avec tes *toi* et tes *moi* ! Qui diantre y comprendrait rien ?

NICOLAS

Ah dame ! c'est pourtant ben clair ! Et c'est justement ça qui fait l'égalité, vois-tu ?... Preuve de ça, c'est que le citoyen Francœur a ben déclaré qu'il fallait que chacun ici se tutoysisse, à commencer par lui le premier.

Cette comédie fut appréciée comme elle le méritait, et le « Moniteur » en dit : « Parmi les pièces qu'a fait naître la Révolution, il n'y en a pas de plus jolie peut-être que celle donnée le 3 nivôse au Théâtre National, sous le titre de «La parfaite Egalité». Il n'en est point où les formes, les intentions dramatiques soient mieux observées, mieux remplies, mieux soutenues. Il n'en est point de plus patriotique, et qui atteignent mieux le but où doit tendre tout ouvrage de ce genre, celui de développer parfaitement les décrets qu'on y célèbre, d'en faire sentir l'esprit, d'en montrer tous les avantages, et de les faire aimer. »

Le sujet était en somme assez facile à traiter, aussi

l'exemple de Valcour et de Dorvigny fut-il suivi. Deux auteurs, Léger et Radet, surent développer le thème d'une façon assez piquante. Dans « Le Sourd guéri, ou les *Tu* et les *Vous* » (Th. du Vaudeville, 2 février 1794) ils nous font voir un mari atteint d'une surdité passagère, qui se croit trompé par le docteur qui le soigne. En effet, il découvre une lettre de ce docteur à sa femme où il la tutoie, et comme la maladie l'a empêché de lire les journaux, qu'il ignore le nouveau décret, il ne peut attribuer ce ton familier qu'à une intimité coupable entre ces deux personnes. Il cherche querelle au médecin et l'oblige à se battre en duel; mais on les sépare et tout s'explique. Voici un couplet amusant d'un domestique qui ne peut s'habituer au *tu* :

On dit qu'quand on sait la grammaire,
On sait quand il faut s'tutoyer.
Sur ça j'deviendrai fort, j'espère,
Car je n'cess' de l'étudier.
Le papa Nicodème
M'instruit avec un soin particulier.
Quand on n'est qu'un, s'lon son système,
Quand on n'est qu'un, c'est singulier.
Mais quand on est deux, c' qu'il y a d'singulier,
Ces deux singuliers n'sont plus singuliers.
Ça fait un plurier.

D'autres auteurs, sans faire du nouveau décret le thème principal de leurs pièces, y font allusion. C'est ainsi que je trouve dans « Arlequin Joseph », comédie-parade de Demautort (Th. du Vaudeville, 27 décembre 1793), la scène que voici, entre Arlequin et Mimi, la bonne de la maison :

MIMI

Pourquoi ce ton de cérémonie avec moi ? Toujours *vous!* *vous!*

JOSEPH

Si je disais *tu, toi,* on penserait mal, ma bonne.

MIMI

C'est le ton de l'amitié : d'ailleurs une loi, bien douce pour moi, nous y autorise.

JOSEPH

Désormais je dirai : *viens,*
Quand j'appelerai ma bonne.

MIMI

Désormais je dirai : *tiens,*
L'égalité nous l'ordonne.

JOSEPH

A ce langage flatteur
La liberté nous dispose.

MIMI

J'aime un devoir qu'on impose,
Dont la source est dans le cœur.

Hélas ! le « lien de la fraternité universelle » n'eut pas la vie longue. On ne peut que le regretter, quand ce ne serait qu'au point de vue de la logique pure.

V

Examen des pièces sur la guerre et le patriotisme

De nos jours, on dit et l'on répète que les financiers n'ont pas de patrie; pendant la Révolution on a porté la même accusation contre les nobles et les autres privilégiés. Et de même que nos contemporains font sans doute injure à bien des financiers, les révolutionnaires devaient avoir tort en ce qui concerne un certain nombre d'émigrés. Seulement, alors comme aujourd'hui, les apparences étaient contre les accusés. Il n'est pas douteux que, pour la plupart des privilégiés, la patrie c'étaient eux-mêmes; du jour où leur pays, par la volonté de la majeure partie des habitants, leur ôta importance et privilèges, ils n'eurent pas honte de faire appel à l'étranger pour contraindre leurs concitoyens à les réintégrer dans ce qu'ils considéraient comme leurs droits. Hélas! c'est là une tendance bien humaine; Louis XIV disant : «L'Etat c'est moi», ne faisait que formuler ce que la plupart des hommes que l'on appelle « grands» ont pensé de tout temps. Ils sont rares ceux qui poussèrent, comme Socrate, l'obéissance aux lois de leur pays jusqu'à préférer la mort à leur violation.

On peut donc affirmer sans trop d'injustice que, de 1789 à 1795, la majeure partie de la noblesse française perdit la notion du mot « patrie », et confondit les intérêts de la France avec les siens propres.

Par contre, le peuple, qui venait enfin de faire reconnaître ses droits à l'existence politique aussi bien qu'économique, se rendait compte des avantages que lui assurait la nouvelle France. Jusqu'alors le pays avait été la proie des ordres privilégiés, et l'homme du peuple ne transmettait à ses enfants que des devoirs et des charges de plus en plus lourdes. C'était bien la terre où ses pères avaient peiné et souffert; mais bien peu d'entre eux en avaient jamais possédé une parcelle. Dorénavant la terre pourrait appartenir à tous; des droits inconnus jusqu'alors garantiraient à chacun le produit de son travail; les charges réparties avec plus de justice cesseraient d'accabler les petits; la prospérité de la France serait l'œuvre de tous et profiterait à tous. Quel patrimoine à léguer à ses enfants! Et l'étranger viendrait abolir ces conquêtes et rétablir les anciens abus! Non, jamais le peuple ne le souffrirait : plutôt la mort. Et si l'on objecte que le peuple, autant que les nobles, confondait les intérêts de la patrie avec les siens; que ce qui jetait les paysans à la frontière, c'était surtout la crainte de devoir rendre les terres nouvellement acquises, on pourra répondre qu'en effet l'égoïsme était à la base du patriotisme populaire; mais un égoïsme pour ainsi dire altruiste, puisqu'il cherchait à assurer les conquêtes du plus grand nombre des citoyens.

Toujours est-il que, pour la première fois peut-être de son histoire, le peuple français se battait pour une cause qu'il comprenait et approuvait. Jusqu'alors on avait levé des armées pour aller, souvent au loin, lutter contre des ennemis à qui le peuple n'avait aucune raison d'en vouloir. Tantôt c'était une question de succession, tantôt un mariage royal que l'on voulait rompre ou imposer; un jour on était l'allié de la Prusse, le lendemain on la combattait. De toutes ces guerres le peuple ne retirait qu'un surcroît d'impôts et de vexations. Ce n'est pas sous l'ancien régime qu'on aurait pu enregistrer 5000 enrôlements en deux jours pour la seule ville de Paris! Mais en 1792 on savait à qui l'on faisait la guerre et pourquoi, et les moins belliqueux se sentaient une âme de soldat en songeant au manifeste de Brunswick. D'ailleurs il n'y avait pas que ce manifeste, il y avait aussi les injures que les journaux royalistes imprimaient chaque jour à l'adresse des « patriotes », les traitant de lâches poltrons que la vue seule de l'ennemi ferait fuir. Lors de la défaite des Brabançons par Bender, les « Actes des Apôtres » publièrent des couplets menaçant les Parisiens du même sort :

Bender n'est pas si diable,
Non, braves citoyens,
Milice incomparable,
Héros parisiens;
Qu'il avance à grands pas,
Vous ne le craignez pas,
Ni lui, ni ses Croates,
Ni Hussards, ni Cravates,
Ni Pendours, ni Sarmates;
Toutefois, entre nous :
  Foux foux,
Croyez-moi, croyez-moi,
  Sauvez-vous.

Racontant la cérémonie de la bénédiction de trois régiments de volontaires, le rédacteur des « Sabbats Jacobites» les appelle: «Royal-Pituite», «Royal-Bonbon» et (qu'on me pardonne l'expression) « Royal-Caca », parce qu'ils sont, dit-il, composés de vieillards, d'enfants et de marmots. Ailleurs le départ de ces régiments pour la frontière est l'occasion de nouvelles railleries :

Beaucoup de provisions
Doit les suivre en voyage,
Car au seul bruit des canons
Ils pourront bien, je gage,

. . . .

. . . .

Je laisse à deviner le reste. Mais ce ne sont encore là que des gentillesses; il faut lire ces journaux pour se rendre compte qu'ils n'avaient rien oublié pour attirer au parti qu'ils représentaient la haine et la colère des véritables patriotes. Ceux-ci devaient bientôt leur infliger le plus sanglant démenti, et l'attitude des troupes françaises à Valmy dut bien étonner les lecteurs des « Actes » et des « Sabbats » !

Nombreuses sont les pièces célébrant l'amour de la patrie et exaltant le caractère sacré de la guerre menée pour le maintien de la liberté. Cependant on conçoit que ni la guerre, ni le patriotisme ne se mettaient aisément sous forme de comédie ou de vaudeville. On en faisait des drames, des opéras, et puis aussi une foule de tableaux patriotiques à grand spectacle, où l'intrigue était nulle et n'était que le prétexte de défilés de figurants en uniforme. Toutefois les pièces gaies ne manquent pas au tableau; elles sont de plusieurs sortes : les unes nous montrent le soldat sous un jour glorieux, choyé par ses concitoyens, la coqueluche des femmes; d'autres célèbrent une victoire française en la corsant d'une intrigue amoureuse; d'autres encore ont pour but de développer le sentiment patriotique.

EXALTATION DU SOLDAT.— Dans les pièces de la première catégorie l'intrigue ne varie guère : deux hommes prétendent à la main d'une jeune fille; l'un est riche et déjà mûr, l'autre est un jeune soldat sans sou ni maille; après quelques péripéties, le jeune militaire se voit accorder celle qu'il aime et qui, bien entendu, le paye de retour. L'une des plus amusantes est « Le Dédit mal gardé », divertissement patriotique de Léger et Philippon (Th. du Vaudeville, 22 juin 1794). Lucette a été promise par son père à son voisin Simonet, sous peine d'un dédit de 600 livres. Elle aime Julien, mais comme on n'a plus eu de nouvelles du jeune homme depuis deux ans qu'il est à la guerre, elle s'apprête à honorer la parole de son père en ce jour fixé pour le mariage. Au lever du rideau Simonet donne à sa gouvernante, Marguerite, des ordres pour le repas de noces : « Ho! c'est qu'à ma noce nous rirons bien, et que lorsqu'on rit on ne mange pas... Allons, je m'en rapporte à toi. Fais les choses pour le mieux et pour le moins. » Puis comme Marguerite — qui aime son maître et enrage de le voir en épouser une autre — lui demande s'il se croit aimé de Lucette, il répond :

L'air triste et rêveur, nous dit-on,
Peint fillette amoureuse.
Eh bien ! suis-je dans sa maison,
Elle est triste et rêveuse
Et quand je quitte son papa,
Car enfin faut qu'on sorte,
Tendre et prévenante elle va
Vite m'ouvrir la porte.

Mais Julien revient sur ces entrefaites; c'est à présent un bel officier et Lucette sent renaître tous ses regrets. Cependant son père reste inflexible : il n'a pas les 600 livres du dédit, il doit donc, bon gré mal gré, donner sa fille. Cela ne l'empêche pas d'avouer à Julien qu'il considère son futur gendre comme un imbécile. Il ne se doute pas que Simonet — occupé dans sa cave à boucher de ses doigts deux tonneaux de vin pour lesquels Marguerite est allée chercher des fossets — l'entend fort bien. La scène qui suit est très drôle. La voici :

ROGER, *(père de Lucette)*

Je t'ai dit tantôt mes raisons; et Lucette l'épousera.

JULIEN

Mais, cependant, si elle s'y refusait.

SIMONET, *(dans la cave)*

Elle m'aime bien trop pour cela.

ROGER

Hé bien ! Lucette, tu ne dis rien ?

LUCETTE

Mon père...

ROGER

Ah ! oui, je vois que la carte a tourné durant mon absence. Il y a ici de la coalition; cela m'est égal. Je sais que Simonet est un peu bête...

SIMONET, *(dans la cave)*

Marguerite !

ROGER

Qu'il est avare...

SIMONET

Marguerite !

ROGER

Qu'il n'est pas beau garçon...

SIMONET

Marguerite !

ROGER

Mais j'ai donné ma parole; le dédit me lie, et bon gré, mal gré, mamselle l'épousera.

SIMONET

Marguerite ! Marguerite ! Marguerite !

La gouvernante arrive enfin; mais la madrée commère n'a eu garde de trouver les fossets. « Donne-moi ce que tu voudras, dit Simonet, un peu de papier... Tiens, j'en ai dans ma poche. » C'est tout ce que voulait Marguerite qui sait que son maître porte toujours l'acte de dédit sur lui. Elle fouille ses poches, trouve le précieux papier et en fait des « chevilles ». Simonet est joué. Pour se venger il épousera Marguerite et, comme il n'est pas méchant, il refuse la promesse que veut lui faire Julien de payer un jour le dédit lorsqu'il en aura les moyens. La pièce se termine par des couplets dont voici le refrain :

> Une douce folie
> Plaît à la liberté;
> L'amour de la patrie
> N'exclut pas la gaîté.

Ce divertissement fut joué dix fois dans le mois qui suivit la première représentation, mois de terreur et de deuil; on le retrouve ensuite sur l'affiche durant l'année 1794.

Dans « Au retour », pièce dont j'ai déjà parlé au IIIe chapitre, la mère Mathurin s'oppose au mariage de Lucette et de Justin parce qu'elle juge que ce dernier devrait d'abord songer à défendre la patrie. Mais le père Mathurin ne l'écoute pas et l'on va célébrer le mariage, lorsque le maire arrive accompagné des officiers municipaux. Il annonce que les jeunes gens de dix-huit à vingt-cinq ans sont réquisitionnés. Justin pourrait rester, car il aura vingt-cinq ans dans trois jours, mais il veut partir. Lucette l'en félicite, disant qu'elle n'aurait jamais consenti à être sa femme s'il eût agi autrement. A un ami qui s'offre pour prendre sa place, disant qu'il est plus grand que lui, Justin répond fièrement :

Ami, mets la main sur mon cœur,
Tu sentiras que j'ai la taille :
Tout comme toi rempli d'ardeur
J' grandirai l' jour de la bataille.

Nous sommes loin des sentiments exprimés dans cette petite scène du « Déserteur », de Sedaine :

JEAN-LOUIS, *(ancien soldat)*

Ah ! c'est une belle chose que la guerre.

BERTRAND, *(jeune paysan)*

Oui, quand on en est revenu.

JEANNETTE, *(fille de Jean-Louis)*

Pourquoi est-ce que les garçons pleurent pour ne pas y aller ?

« Le Siège de Lille », comédie en 3 actes de Joigny, « Les Tu et les Toi », de Dorvigny; « Le Canonnier convalescent », de Radet; « La Prise de Toulon », de Picard, célèbrent à l'envi la bravoure des soldats républicains :

Courage, valeur et civisme
Ont dirigé leurs premiers pas,
Et déjà cent traits d'héroïsme
Distinguent nos braves soldats.
Tout ce que dans l'histoire ancienne
On traitait de fable autrefois,
La jeunesse républicaine
Le prouvera par ses exploits.
(Le Canonnier convalescent).

L'AMOUR DE LA PATRIE. — Mais plus encore que la bravoure des soldats, c'est l'amour de la patrie qui les soutient et les anime, que l'on exalte sur tous les tons. Qui ne connaît les belles paroles du Chant des Girondins :

Mourir pour la patrie,
C'est le sort le plus beau, le plus digne d'envie.

Avant Alexandre Dumas, C. Tissot les avait mises dans la bouche d'une humble paysanne disant à son promis :

Quand on périt pour sa patrie,
On doit s'estimer trop heureux.

C'était en 1792, dans une comédie intitulée « Tout pour la Liberté » (Th. du Palais-Variétés, 20 oct.) dont Welschinger se moque bien à tort. Il fallait avoir foi dans les destinées de son pays pour lui promettre, à cette date, la victoire sur les coalisés.

Certains auteurs cherchent à faire sentir aux plus humbles qu'ils peuvent, eux aussi, rendre des services à la patrie. Dans « Allons, ça va, où le Quaker en France », le simple Jacques fait dire à Guillot, paysan un peu simple :

Tout bête qu'on croit que j'suis; pardine, j'sentons là
Qu'eut'chose qui jase, eun'voix qui m'dit en son ramage :
« La France a des malheurs; i'faut qu'tu les partage' !
« La France a réussi — c'est toi qu'as du succès ! »
Eh! qu'est-ce qui la sauv'rait, si c'n'est pas les Français ?

Enfin, dans la comédie de Lépitre déjà citée, « Arlequin imprimeur », l'auteur indique à ses concitoyens qu'il y a plus d'une façon de servir son pays :

Le guerrier donne à sa patrie
Son sang, et le riche son or;
Le bon citoyen se marie
Et par l'amour la sert encor :
Car lorsque la guerre
Dépeuple la terre,
Pour l'Etat le meilleur présent
C'est un enfant.

Encore un couplet d'actualité.

VI

Examen des pièces faisant allusion aux finances, à la justice, aux mœurs

FINANCES. — Le triste procès qui s'instruit en ce moment en Hongrie vient de tirer de l'oubli l'histoire des faux assignats. « Qui veut la fin veut les moyens » est un dicton qui a justifié bien des vilènies; mais peu qui eurent autant de répercussion que celle qui consista à inonder la France de fausse monnaie. Cela commença fort tôt, avant même que l'Angleterre eût déclaré la guerre à la France. « La Chronique de Paris », dans son numéro du 5 avril 1792, raconte l'arrestation d'un chevalier de Saint-Louis, officier au régiment Royal-Cravatte, arrivé depuis peu de Coblence, porteur de faux assignats.

Dans la «Folie de Georges » (op. cit.) se trouve cette scène :

CAZALES (à Pitt)

Laissez faire Calonne, il nous sauvera tous; une copieuse émission de faux assignats va, pour jamais, discréditer les véritables, et dès lors, à bas la République.

CALONNE

J'en fais fabriquer en ce moment une quantité immense à l'effigie républicaine, et je puis défier le plus adroit courtier de la rue de Vienne d'en reconnaître un seul.

CAZALES, (avec ironie)

Voilà ce qui s'appelle un génie créateur !

BURKE

Point de persiflage; on peut tout se permettre contre ses ennemis : *An dolus, an virtus,* vous savez la maxime.

Mais dès leur apparition un autre danger avait menacé les assignats : l'agiotage. En effet, un grand nombre de personnes préféraient l'ancienne monnaie et faisaient ainsi le jeu des pêcheurs en eau trouble. Les royalistes étaient d'ailleurs complices des agioteurs par leur dénigrement systématique des assignats. Dans les « Actes des Apôtres » (n° 163), j'ai trouvé ce couplet :

J'ai des assignats dans ma tabatière,
J'ai des assignats
Qu'on ne payera pas.
J'en ai des bleus, des noirs et des blancs,
Mais ce n'est pas de l'argent comptant.
J'ai des assignats... etc....

Il y en a un second, mais il est tellement indécent qu'il ne peut être cité.

Dans « Les Portefeuilles », comédie de Collot d'Herbois (Th. de Monsieur, 10 février 1791), l'auteur fustige les agioteurs, qui s'enrichissent aux dépens de la communauté en dépréciant les assignats. Il en fait de vils escrocs, tire-bourses quand l'occasion se présente.

Toutefois les pièces dirigées contre les gens enrichis par des moyens peu avouables verront le jour bien après la mort de Robespierre. Dans celles de la période étudiée ici, il n'est que de rares allusions aux assignats et au prix des choses. C'est ainsi que je trouve dans une comédie de Léger, « L'Isle des Femmes », (Th. du Vaudeville, 21 janvier 1792) ce couplet :

Il me manque, ma chère,
La pièce que chez nous
L'épouse d'ordinaire
Reçoit de son époux.

Pour cela, fais-moi grâce
Et je vais sans débat
Te donner à la place
Ce petit *assignat.*
Depuis longtemps en France
C'est là tout notre argent.
Mais avec assurance
On le prend, on le rend.

Et dans « Arlequin Joseph », comédie déjà citée, cette phrase de Joseph à la bonne : « Et sur quoi gagner ? Malgré le *maximum*, vous n'achetez plus rien. »

LA JUSTICE. — Les pièces faisant allusion aux changements survenus dans la façon de rendre la justice sont beaucoup plus nombreuses. Le peuple avait gardé un mauvais souvenir des baillis, avocats, procureurs, recors; bref contre toute la gent patte-pelue et chattemitte qui vivait de chicane et semblait avoir à cœur d'embrouiller les affaires d'autrui plutôt que d'administrer et d'interpréter la loi. La nouvelle organisation judiciaire réjouit autant la grande majorité des citoyens qu'elle consterna ceux qui en firent les frais. Les couplets satiriques à l'adresse d'un grand nombre de ces messieurs Fatras, Gripardin, Furet, et autres « robinocrates », abondent dans les pièces révolutionnaires.

Dans « Le Réveil d'Epiménide », un avocat général vient se plaindre de la sorte :

Ils ne respectent rien de nos anciens décrets;
Ils ont tout aboli, tout jusqu'à la torture.
Dans la nouvelle procédure,
Avant de les punir, on prouve les forfaits;
Et jusques au moment où le crime est notoire,
Le jugement est suspendu.

Dans « La grande Revue des Armées noires et blanches » (op. cit.), Louvet représente également les

« parlementaires » réclamant la potence, la torture et des épices. Dans « L'Adoption villageoise » (op. cit.), un paysan chante ce couplet :

Les gens de robe ont fait bombance
Jadis aux frais des paysans :
Tout en attrapant leur finance,
Ils se moquaient des bonnes gens.
De nous railler ils avaient carte blanche;
Ils en usèrent trop longtemps :
Quand nous ririons à leurs dépens
Il est permis de prendre sa revanche.

Mais il est aussi des pièces dont les gens de robe font tous les frais. Telle est « La bonne Aubaine », comédie de Radet (Th. du Vaudeville, 28 janvier 1793). Cette petite pièce fort gaie présente un ex-procureur, un avoué selon le nouveau vocable, maître Gripardin. Celui-ci regrette le bon vieux temps :

De bons clients, manceaux ou bas-normands,
Plaidant pour rien, et plaidant bien longtemps,
Mangeant le fonds d'une affaire en dépens,
C'était la vieille méthode.
Des ignorants, redoutant les procès,
De but en blanc, sans écrits et sans frais,
S'accommodant chez un juge de paix,
Voilà les plaideurs à la mode.

Les clercs de Gripardin se plaignent de son avarice qui n'a d'égale que celle de sa femme. Or, voici qu'on apporte une bourriche garnie d'une jolie dinde du Mans. Les jeunes gens se réjouissent à l'idée qu'ils vont enfin faire un bon repas. Mais Mme Gripardin juge la dinde trop belle et va la vendre chez un traiteur. L'un des clercs l'a suivie et rachète la dinde qu'il veut manger avec ses collègues. En voulant voir de quoi elle est farcie, ils s'aperçoivent qu'elle contient 600 francs en assignats. Ils ont alors quelques scrupules vite étouffés par le souvenir de la ladrerie des Gripardin. D'ailleurs ils inviteront ceux-ci au repas exquis qu'ils vont commander, puis dépenseront le reste de l'argent à des réparations urgentes à leur logement. Ainsi ils n'auront pas lésé les Gripardin. L'avoué et sa femme mangent et boivent tout leur saoul, et sont si bien disposés par la bonne chère qu'ils ont faite qu'ils ne songent pas à se fâcher lorsque les clercs leur découvrent le pot-aux-roses.

La pièce a vraiment du mérite ; elle est vive et menée rondement. Son succès fut soutenu car on la retrouve sur l'affiche pendant toute l'année 1793, et très souvent encore au cours de 1794.

LES MŒURS. — La Révolution opéra une autre réforme très importante en instaurant le divorce ; mais il ne semble pas que cette réforme ait été fort bien reçue du grand public. La plupart des auteurs la ridiculisent ou ne parlent du divorce que comme d'un épouvantail salutaire. Pour montrer à quel point certains jugaient déplacée l'intervention de l'Assemblée dans la question du mariage, je citerai une lettre d'un lecteur au journal « La Chronique de Paris » (n° du 13 novembre 1791). Ce lecteur pince-sans-rire écrit que, la loi ne considérant le mariage que comme un contrat civil, rien ne pourrait l'empêcher d'avoir plusieurs femmes, comme rien ne pouvait l'empêcher d'avoir plusieurs maisons. Mais le rédacteur du journal vit sa malice et se contenta de lui répondre : « Fi ! le vilain qui veut avoir deux femmes, pendant qu'il y a tant d'honnêtes gens qui sont fâchés d'en avoir une. »

En vérité le mariage fut extrêmement respecté, du moins pendant la période de la Révolution qui nous occupe. Il est recommandé et prôné chaque fois que l'occasion s'en présente. Si les législateurs avaient jugé bon d'autoriser le divorce, c'était en somme pour faire cesser le scandale de tant de ménages mal assortis, dont le triste exemple aurait pu détourner les jeunes gens de l'idée du mariage. Leur but n'était point de saper la famille, mais au contraire de la renforcer, en en faisant disparaître l'élément de contrainte constitué par l'indissolubilité du mariage. Mais, je l'ai dit, les auteurs dramatiques ne sont pas favorables au divorce. Desfontaines, Demoustier, Pignault-Lebrun écrivirent chacun une pièce, intitulée « Le Divorce », où l'on voit les époux se réconcilier au moment décisif. Les pièces qui mettent en scène des personnages tout à fait décidés au divorce en font, généralement, des êtres sans cervelle et sans cœur. Dans « Arlequin Joseph » (op. cit.) c'est la vieille moitié du vieux procureur Putiphar qui voudrait divorcer pour épouser le jeune Joseph. Sa défunte mère lui a dit en songe :

Puisque l'ennui s'empare
De ton époux, de toi,
Il faut qu'on vous sépare
En vertu de la loi.

Dans « Arlequin Tailleur », comédie de Lambert (Th. du Vaudeville, 29 juillet 1793), c'est une jeune femme qui, pour consoler son amie à qui l'on veut faire épouser un homme déjà vieux, lui représente que :

Chez nous le mariage
N'est plus d'un esclavage
    Le long tourment.
D'après le nouveau rite
On se prend, on se quitte
    Légalement.

Les deux autres couplets de la chanson, encore plus lestes, donnent tout à fait l'impression d'une satire.

D'ailleurs, pour se convaincre de l'estime où l'on tenait le mariage, il suffit de lire les pièces sur les célibataires. On en fait tantôt des malheureux, comme dans la comédie de Collin d'Harleville, « Le vieux Célibataire » (Th. Français, 1972); tantôt des égoïstes, comme dans « L'Anti-Célibataire, ou les Mariages », comédie de Pujoulx (Th. Louvois, 22 décembre 1793).

Une chose qui ressort également de toutes les pièces où il est question de mariage, c'est l'obéissance com-

plète des enfants envers leurs parents. Quelle que soit leur inclination, ils s'avouent toujours prêts à céder devant la volonté paternelle. On voit par là que l'esprit révolutionnaire avait mieux respecté la famille que ne l'a fait de nos jours « l'esprit d'après-guerre ».

LE CALENDRIER. — Pour terminer ce chapitre, je citerai des couplets où il est fait allusion à la réforme du calendrier. Déjà en 1788, Sylvain Maréchal avait publié un « Almanach des honnêtes gens » où les noms des saints étaient remplacés par ceux des hommes et des femmes célèbres de tous les temps. L'ouvrage fut brûlé par la main du bourreau et l'auteur décrété de prise de corps : la Révolution devait bien le venger ! C'est à un prêtre que Radet fait chanter :

Aux saints que l'on vous fit prier,
Dès ce moment cessez de croire,
Et de l'ancien calendrier
Perdez à jamais la mémoire :
A notre usage, mes enfants,
Nous en composerons un autre,
Des républicains du vieux temps,
Et des sans-culottes du nôtre.

(Encore un Curé).

Mais les nouveaux noms des mois et des jours eurent quelque peine à pénétrer dans les mémoires s'il faut en juger par cette scène chantée de la comédie de Valcour, « Le Vous et le Toi », déjà citée :

LA MERE MARCEL

J'nous brouillons avec *premedi, dodi,*
Et j'avions *lundi, mardi,* dans not'manche;
Je connaissions très bien le *mécredi,*
Le *jeudi,* le *vendredi,* le *samedi,*
En biau corset, cott'rouge et cornett'blanche,
Prenant un air un peu plus dégourdi,
Jeuness' dansait sous l'ormiau le *dimanche...*

MARCEL

Et ! bian ! tout ça se f'ra le *décadi.*

Puis le père Marcel explique à sa femme la signification des noms des mois :

Si l'mois passé s'appelait Brumaire,
C'est qu' la brum' blanchit nos climats.
Si celui-ci s'nomme Frimaire,
C'est qu' c'est la saison des frimats.
Prairial fait monter nos herbes;
Messidor appelle aux moissons,
Et Fructidor joint à nos gerbes
La plus vermeille des boissons.

Le père Marcel avait raison de dire que c'était plus clair que « janvier », « février », etc., et c'était aussi plus poétique.

Conclusion de la Première Partie

Dans leur « Histoire du Théâtre Français », Etienne et Martainville écrivaient : « Les ouvrages révolutionnaires joués sur les théâtres peuvent être regardés comme le thermomètre de l'esprit qui animait le gouvernement d'alors : aussi, à mesure que nous approcherons de ces temps malheureux, qui ont étendu un crêpe sanglant sur la France, l'oubli de toutes les convenances, de toutes les vertus, et des affections les plus douces, régnera dans la plupart des ouvrages de circonstance, dont nous seront obligés de parler, quoiqu'il nous en coûte pour surmonter le dégoût que nous éprouverons en fouillant dans cet amas impur d'abominations. »

De cet « amas impur d'abominations » j'ai extrait les pièces mentionnées dans les chapitres précédents, et je ne crois pas qu'elles justifient les épithètes que leur décernent les auteurs cités plus haut. Sans doute s'en trouve-t-il parmi elles quelques-unes qui font une trop grande place à l'esprit de parti; mais les adversaires de la Révolution sont mal venus à se plaindre! Pourquoi ont-ils montré un chemin où, d'ailleurs, nul n'est allé aussi loin qu'eux ? Certes leurs pièces n'ont pas été jouées; mais elles ont été lues, leurs journaux aussi. Or, il suffit de jeter un coup d'œil sur le « Journal des Halles », sur « Les Sabbats Jacobites » et sur les « Actes des Apôtres » pour voir à quoi auraient dû s'attendre les révolutionnaires s'ils avaient été vaincus. Ces journaux ne cessaient de promettre le « cordon gris » à leurs adversaires; les « Actes des Apôtres » publièrent, contre les patriotes brabançons vaincus, des vers orduriers dont voici la conclusion :

> Quinze milliers de potence (sic)
> Qui seraient très bien en France
> Attesteront la clémence
> Et la verte vigilance
> De monsieur l'Empereur
> Dont ils ont grand'peur.

De ce journal, dont Jauffret dit : « Si l'ancien régime avait pu être sauvé par une polémique ardente, spiri-

Danse qu'ils danseront : pas de deux entre un jacobin et un feuillant.

Caricature royaliste d'après une reproduction du livre de A. Challamel : *Histoire-Musée de la République française* (éd. 1858).

tuelle, remplie de sarcasmes et d'injures, ce journal en aurait eu la gloire », il n'est pas un numéro qui ne contienne des injures à l'adresse de Mirabeau et de Théroigne de Méricourt. La boue y est lancée à pleines mains sur le duc d'Orléans, le duc de Liancourt, le marquis de La Fayette, les frères Lameth, le comte de Montmorency, l'évêque d'Autun, bref sur presque tous les membres, influents ou autres, de la Constituante ; mais c'est le duc d'Aiguillon et le marquis de Villette qui se virent adresser les épigrammes les plus injurieuses (cf. les numéros 131, 142, 146, 151 et 163). A partir du n° 38, les « Actes des Apôtres » publièrent un « drame national en vers civiques », en quatre actes, « Théroigne et Populus, ou le Triomphe de la Démocratie ». C'est un tissu d'immondes accusations contre Mirabeau, le marquis de Villette, et nombre d'autres personnalités de la Constituante. Il faudrait citer certains passages de cette pièce pour donner un aperçu de ce que Jauffret appelle « une polémique spirituelle », mais ma plume s'y refuse. G. Isambert a écrit, dans « La Vie à Paris pendant une année de la Révolution »: « Un trait qu'il n'est pas possible de passer sous silence si l'on veut donner une idée des feuilles de la contre-Révolution, car il est commun à presque toutes, c'est le déchaînement d'insultes contre les femmes. » Encore s'ils s'étaient contentés d'attaquer celles qui prenaient une part active à la politique, telles que Théroigne, Rose Lacombe ou même Mme de Staël et « cette veuve Helvétius, qui tient un sabbat à Auteuil, et qui se lèche les lèvres toutes les fois qu'elle apprend que quelques victimes ont été immolées... » (« A deux liards, le Journal», n° 9, février 1792); mais ils s'en prenaient à des femmes dont le seul tort était d'être les compagnes d'hommes en vue. Mme Condorcet et Mme Bailly furent ainsi traînées dans la boue; j'ai dit ailleurs qu'on présentait la première comme une vile marchandise aux mains de son mari; si l'on veut savoir ce qui se disait de la seconde, qu'on lise le n° 4 des «Sabbats Jacobites». C'est ici qu'elle serait de mise, l'indignation de l'austère Welschinger !

Je ne veux pas dire, par là, que des écrivains révolutionnaires n'aient pas parfois dépassé la mesure; mais ils ne sont pas nombreux : la plupart des journaux révolutionnaires ont une belle tenue, et « ni les

« Père » et « Mère Duchesne », ni aucun des autres journaux patriotes ne se sont jamais permis de déchirer le voile de la décence, comme le faisaient souvent les « Apôtres » (Léonard Gallois, « Histoire des journaux et des journalistes de la Révolution Française »). Il en est de même des pièces de théâtre, quoi qu'en aient pu dire certains auteurs. Ainsi on peut lire dans

Caricature royaliste représentant Bailly comme un vieux coq défendant sa chaste poulette contre les entreprises du jeune coq La Fayette. — D'après une reproduction du livre de Challamel.

le livre de M. d'Estrée déjà cité (chapitre des vaudevilles) : « Une particularité à noter dans l'ensemble de ce répertoire vaudevillesque, aux tonalités trop souvent dures et sombres, c'est que la gaîté dont les créateurs croient devoir les adoucir n'est pas d'un coloris moins violent, lourd, grossier, criard. Veut-on un exemple : Arnault, le poète tragique, qui avait assisté à la représentation du « Congrès des Rois », signale un épisode qui mettait toute la salle en joie. Georges III, fantoche idiot et détraqué dont Pitt faisait mouvoir les ficelles, chantait en pêchant les grenouilles :

Je suis roi d'Angleterre.
Je m'en

Et tout aussitôt, un trait de basson remplaçait le mot qu'on devine par une note incongrue non moins facile à déterminer — le style du « Père Duchesne » avec l'accompagnement familier au Jésus-Christ de « La Terre ». Or, que dit Arnault : « Cette farce ne contenait d'un peu plaisant que trois ou quatre couplets chantés par le roi d'Angleterre... Voici ceux dont je me souviens; ils sont sur un air qui n'est guère connu aujourd'hui que des *Houzards*. L'échantillon donnera une idée de la pièce :

Je suis roi d'Angleterre.
Je m'en *ris*.

« Un trait de basson faisait entendre ici en place du mot souligné celui qui se trouvait dans le refrain de la chanson populaire, mais qu'on ne croyait pas devoir articuler en scène. » On voit qu'il n'est nullement question « d'épisode mettant toute la salle en joie ». D'ailleurs, le « Journal de Paris », du 3 mars 1794, rendant compte de la première représentation du « Congrès des Rois », dit : « Vers le milieu du 3me acte le public a commencé à témoigner son impatience; et la mauvaise exécution du ballet a excité un mécontentement général qui a empêché de finir la pièce ». Elle n'eut que trois représentations.

Il semble donc que M. d'Estrée a quelque peu coloré la pensée d'Arnault; cela paraît encore plus certain lorsqu'on lit ces mots du poète, après son appréciation du « Jugement des Rois » et de la pièce citée ci-dessus :

« Ces faits prouvent à quel point était porté le dévergondage de la scène en matière politique. Il est à remarquer toutefois que ce dévergondage ne s'étendit pas aux mœurs, et qu'à cette époque où l'on débitait sur le théâtre tant de choses qui faisaient trembler, on n'eût pas osé y dire un mot qui fît rougir ». Il le savait bien, lui qui s'était vu reprocher d'avoir exposé trop vivement un amour incestueux dans sa pièce «Phrosine et Mélidor ».

Tout ce qui précède ne sert qu'à prouver combien l'on aurait tort d'accepter sans examen ce qui a été écrit contre le théâtre révolutionnaire. On doit faire la part grande aux préjugés de ceux qui l'accusent d'avoir été grossier et sanguinaire; surtout lorsque cette accusation est portée par des contemporains de ce théâtre. On ne peut, en effet, oublier que, jusqu'à la Révolution, le théâtre français était resté fort timide et très peu réaliste. Dès lors, et pour savoir jusqu'où il faut suivre Etienne et Martainville, par exemple, dans leurs appréciations, on doit se rappeler comment ils jugèrent la tragédie d' « Othello », traduite par Ducis et jouée au Théâtre de la rue de Richelieu, le 26 novembre 1792. « Le succès de cet ouvrage, écrivent-ils, où l'horreur est portée au plus haut degré, est un signe certain de l'influence que la Révolution a exercée sur nos théâtres et sur le public qui les fréquente. Quel auteur, avant 1789, aurait osé mettre en action l'épouvantable catastrophe de cette tragédie ?.. Quelques spectateurs ne purent retenir l'indignation que leur inspira cet atroce dénouement; un d'eux s'écria même avec douleur : « C'est un Maure qui a fait cela, ce n'est pas un Français. » (op. cit. t. III, p. 27).

D'autre part nous avons un exemple de la façon dont une pièce peut être interprétée différemment selon qu'on est « pro » ou « antirévolutionnaire ». Les auteurs cités plus haut ont donné de la comédie de Dugazon, « Le Modéré » (Th. de la République, novembre 1793), un compte-rendu qui la représente comme une très méchante plaisanterie, capable de faire tomber bien des têtes. Par contre, le « Moniteur », du 3 décembre, en dit : « Cette petite comédie, qui a été souvent interrompue par la joie bruyante qu'elle a causée, est une critique aussi juste que gaie de beaucoup de gens qui peuvent s'y reconnaître sans se fâcher. Il est impossible de n'y pas rire de tout son cœur : les caractères y sont peints d'une manière très comique, très naturelle, et presque chaque vers offre une plaisanterie et un trait piquant. »

Il est donc absolument nécessaire de lire les pièces incriminées pour pouvoir porter sur elles un jugement impartial. C'est ce que j'ai fait et je crois avoir prouvé, du moins en ce qui concerne les comédies, opérettes et vaudevilles, que le plus grand nombre des pièces n'avaient pas le caractère sombre et violent qu'on se plaît à leur attribuer.

Si parfois j'ai donné des analyses, ou cité des passages dont le côté comique échappe, c'est que la nécessité d'établir le caractère politique de ces pièces m'a empêchée d'insister sur les moyens mis en œuvre par les auteurs pour égayer certains sujets qui ne s'y prêtaient pas toujours. Ces moyens ne varient guère : ce sont, le plus souvent, des scènes entre personnages de second plan. Ainsi, dans la pièce du Cousin Jacques, « Nicodème dans la lune », les 6me et 7me scènes du premier acte, où l'astrologue Ustace raconte aux villageois qu'il vient d'apercevoir un ballon dans les airs, sont un petit chef-d'œuvre dans le genre farce. Mais le plus fréquemment, ce sont des scènes entre un valet et une servante qui fournissent les intermèdes amusants. De même, les couplets non politiques abondent dans ces pièces, et plus d'un était encore chanté longtemps après qu'elles eurent été oubliées.

Deuxième Partie

M'étant donné pour tâche de prouver que le rire n'avait pas déserté le théâtre pendant la Révolution, je pourrais ne rien ajouter à la première partie de ce travail. Seulement on aurait le droit de m'objecter que les pièces dont il a été question jusqu'ici ont, le plus souvent, provoqué le rire de l'ironie, de la satire et même du mépris. Ce n'était pas là cette franche gaîté qui réunit dans un joyeux éclat de rire tous les spectateurs, quelles que soient leurs opinions politiques. Je vais donc parler des pièces dont la seule ambition fut d'être divertissantes.

Au point de vue littéraire et dramatique la plupart de ces ouvrages sont supérieurs aux pièces révolutionnaires; toutefois ce n'est pas cela qui nous les rend intéressants. Leur mérite est surtout d'avoir été joués et applaudis à une époque généralement dépeinte sous des couleurs très sombres. Beaucoup d'historiens du théâtre révolutionnaire s'expriment, en effet, comme si le bouleversement de la société eût commencé dès 1789. Dans son « Répertoire du Théâtre français de troisième ordre », Petitot écrit à propos de la pièce de Demoustier, « Le Conciliateur », jouée au Théâtre Français, le 29 septembre 1791 : « Le succès extraordinaire du « Conciliateur » fut dû aux circonstances. La Comédie Française était alors suivie par tout ce qui restait de la bonne compagnie. Ne pouvant recevoir chez soi (en 1791!) on allait au spectacle pour se distraire des chagrins dont on était accablé; et l'horreur qu'on avait pour le ton des révolutionnaires entraînait à un excès opposé. Dans le désir de fuir ce ton grossier et révoltant on devenait indulgent pour les fadeurs et pour l'affectation de la délicatesse et de l'esprit. » Dans la conclusion de la première partie de cette étude, j'ai fait justice de l'imputation de grossièreté portée contre les révolutionnaires : leurs adversaires auraient pu leur rendre beaucoup de points sur ce chapitre-là. Quant à dire que l'on ne pouvait plus recevoir chez soi en 1791, c'est exagérer à plaisir. Pour s'en convaincre il suffit de lire l'article consacré aux « salons » dans le livre de G. Isambert déjà cité. L'exode d'une partie de la noblesse avait, il est vrai, fermé plus d'un salon de l'ancien régime, et dans ceux qui restaient, comme dans ceux qui se formaient, on dissertait plus volontiers de politique que de littérature et d'art. Toutefois, si la vie sociale avait été si complètement bouleversée qu'on voudrait le faire croire, on ne s'expliquerait pas comment tant de pièces mettant en scène les mœurs de l'ancien régime ont pu être écrites, jouées et applaudies bien longtemps après la prise de la Bastille. Voici les titres de quelques-unes de ces pièces et la date de leur première représentation :

« Le Présomptueux », le 5 juin 1790.
« M. de Crac en son petit castel », le 4 mars 1791.
« L'Intrigue épistolaire », le 15 juin 1791.
« Contre-temps sur Contre-temps », le 23 oct. 1792.
« La Matinée d'une jolie femme », le 29 déc. 1792.
« L'Intrigue secrète », le 27 mars 1793.
« Les Femmes », le 19 avril 1793.

Mais la meilleure preuve, à mon avis, que le train habituel de la vie n'était pas tellement changé réside dans le fait que, durant toute la période de la Révolution envisagée ici, l'on n'a cessé de jouer des pièces telles que «Les Evénements imprévus», de d'Hèle; «Les deux Chasseurs et la Laitière », d'Anseaume; « L'Esprit de contradiction », de Dufresny; « Les fausses Infidélités », de Barthe; « La Métromanie », de Piron, et plusieurs pièces de Dancourt, Destouches et Regnard. Marivaux n'est pas oublié; au hasard d'autres recherches, j'ai remarqué que l'on a joué « Le Jeu de l'Amour et du Hasard » le 6 et le 24 mars, puis le 4 juin 1791 ; « Les fausses Confidences », le 31 janvier 1792 et le 9 juin 1793 ; « Les faux Serments », le

La Constitution essayant de détrôner le Roi : " Ça ira. "

Le Roi, souriant de ses efforts : " Ça n'ira pas. "

Caricature royaliste reproduite par Boyer-Brun (1792)

30 août 1792, et « Le Legs », le 10 juillet 1794. Mieux encore, de jeunes auteurs imitent sa métaphysique galante et font des pièces que les critiques contemporains

qualifient « à l'eau rose ». Nous avons vu d'ailleurs, dans l'examen des pièces politiques, que, jusqu'à la fuite du roi et même après, le peuple bornait ses désirs à l'établissement d'une monarchie constitutionnelle où ses droits à une vie libre et décente ne seraient plus méconnus comme par le passé. En refusant d'obéir à la Constitution de 1791, la noblesse réactionnaire amena la chute du roi et changea la face de la Révolution. Par ses appels à l'étranger, par le caractère abject de sa polémique, où l'obscénité jouait le plus grand rôle, par ses menaces outrageantes aux révolutionnaires, elle contribua fortement à établir la domination des membres les plus violents de la Convention. De nos jours, il ne manque pas de gens pour prétendre que c'était là ce que cette noblesse voulait; on dit même que les meneurs les plus ardents de la Révolution étaient à la solde de la cour. Si c'est vrai, la conduite de la cour et des nobles ne s'en trouve nullement rehaussée, et l'on est tenté de dire qu'elle a reçu son juste châtiment.

Mais si, après la déchéance du roi, on voit augmenter le nombre des pièces politiques, et leur ton se hausser au diapason de la polémique révolutionnaire, il n'en faudrait pas conclure qu'elles formèrent désormais à elles seules le répertoire des théâtres. La population parisienne n'était pas composée que de citoyens faisant de la politique dans les clubs et les sections, et qualifiés par la « Quotidienne » de *classe raisonnante;* il s'y trouvait un bien plus grand nombre de *modérés* n'aspirant qu'à jouir en paix des réformes acquises par les efforts des premiers, et de *nihilistes*, gens indifférents, n'ayant qu'un seul souci : rester à l'abri de la tourmente. Ces deux derniers groupes cherchaient au théâtre une simple distraction qui leur fît oublier les événements dont les gazettes étaient pleines.

En dépit de toutes ces considérations, il faut faire un certain effort pour admettre que l'on a beaucoup ri au théâtre pendant la Révolution, et d'un rire sans arrière-pensée. C'est pourquoi il m'a paru utile d'examiner quelques-unes des pièces qui firent la joie de ces Parisiens que le monde entier appelait — et appelle encore — des monstres avides de sang, et d'indiquer brièvement l'ambiance révolutionnaire au moment où elles furent jouées.

1789

Cette année-là, Paris dut présenter un spectacle étrange et émouvant. D'une part le peuple, plein d'enthousiasme et d'espoir, attendait de l'Assemblée Nationale le soulagement de ses misères; d'autre part, la cour et le parti réactionnaire résistaient par tous les moyens occultes à l'établissement d'un régime qui leur enlevait la plupart de leurs privilèges. Cette résistance irritait d'autant plus le peuple qu'il souffrait terriblement de la disette des vivres. « Le pain étoit renchéri et de mauvaise qualité, on se battoit à la porte des boulangers pour en avoir, il sembloit qu'on vouloit irriter le peuple contre les nouveaux pouvoirs populaires... » (Rabaut-Saint-Etienne, op. cit., p. 143). Le peuple accuse donc les nobles de vouloir réduire Paris, le cœur et la tête de la Révolution, par la famine; de plus, les troupes cantonnées dans la ville et dans ses proches environs l'inquiètent. « Si les trois Ordres étoient réunis de bonne foi, pourquoi faisoit-on marcher vers la capitale cinquante mille hommes de troupes, dont une grande partie étoit formée de régimens étrangers ? Pourquoi les travaux de Montmartre qui ressembloient à des travaux de siège ? » (« Histoire de France pendant trois mois », du 15 mai au 15 août 1789, par le cousin Jacques.) Enfin des bruits concernant la fuite ou l'enlèvement possible du roi mettent le comble aux alarmes. Alors moitié pour s'assurer de la personne du monarque, moitié dans l'espoir que sa présence à Paris ramènera la sécurité et l'abondance, le peuple va chercher la famille royale, à Versailles. Malheureusement, dans cette foule qui marche sur Versailles le 5 octobre, il n'y a pas que des femmes souffrant de la faim, il s'y trouve aussi « des hommes de figure étrange, et qui sembloient y avoir été appelés : car le peuple de Paris a sa physionomie et ceux qui le connoissent savent bien distinguer les étrangers qui s'y confondent. Ces bandes farouches avaient précédé la garde nationale, dont il faut bien les distinguer : elles causèrent tout le désordre du lendemain. » (Rabaut Saint-Etienne; op. cit. p. 151.) Le sang coule; un grand nombre de nobles prennent peur et passent la frontière, tandis qu'une centaine de députés, désertant leur devoir, s'éloignent de l'Assemblée.

Voilà pour le côté sombre du tableau que Paris présentait durant les derniers mois de 89. Mais il y a le côté lumineux; tous les jours ne sont pas troublés par des émeutes; tous les quartiers de la ville ne sont pas affectés pareillement par les désordres. Pour peu qu'il se tienne à l'écart des mouvements populaires, le citadin paisible peut jouir de la vie comme si de rien n'était. Son amusement favori étant le spectacle, il s'y rend souvent et, s'il craint les manifestations intempestives que provoquent fréquemment des tirades autrefois accueillies avec calme, mais où l'on veut voir, à présent, des allusions aux événements contemporains, il évite avec soin les grands opéras, les tragédies, voire les comédies larmoyantes. Les spectacles sont assez variés pour permettre le choix, et les opérettes, les comédies légères, les vaudevilles et les farces ne manquent pas. On joue aussi beaucoup de pièces nouvelles : la liste suivante donnera une faible idée du nombre des premières :

15 août : « L'Isle enchantée » opéra de Sedaine de Sascey.

12 sept. : « Le Nozze di Dorina », opéra-comique de Guglielmi.

7 nov. : « L'Homme en loterie », comédie.

17 nov. : « Le Tuteur célibataire », comédie de Desforges.

27 nov. : « Le Badinage dangereux », comédie.

28 nov. : « Il Fanatico burlato », opéra-comique.

10 déc. : « Le Prodige, ou les Femmes discrètes », comédie.

12 déc. : « La Veuve espagnole », opéra-comique.

12 déc. : « La Pastorella nobile », opéra-comique de Guglielmi.

26 déc. : « Les Noces du Père Duchesne », comédie de Dorvigny.

Parmi ces pièces, deux eurent un succès prolongé : « L'Homme en loterie » et « Les Noces du Père Duchesne ». La première est d'un auteur qui préféra demeurer inconnu : modestie admirable, surtout après la réussite. Le sujet en est très original : un chevalier qui a perdu sa fortune imagine de faire une loterie de mille billets de 200 livres, et il épousera celle qui aura le bon billet. Comme il est aimable, la loterie ne tarde pas à se remplir; mais sur ces entrefaites il est devenu amoureux et se repent de s'être ainsi engagé au hasard. Une dame mûre, qui se croit veuve, gagne le lot. Heureusement pour le chevalier, le mari de cette dame revient à temps. Sa femme est furieuse..., lui aussi; mais les deux amants sont bien contents. Cette comédie fut jouée au Théâtre de Monsieur et le «Mercure de France» en dit : « Beaucoup d'esprit et de gaîté dans les détails ont fait réussir cette pièce, l'une des plus agréables de ce Théâtre. »

L'auteur de la seconde eut le don de créer des types burlesques; son Janot et son Jocrisse sont demeurés célèbres; le père Duchesne, lui aussi, devint fameux. C'est un ancien marin devenu marchand de fourneaux; mais il a gardé la mauvaise habitude d'émailler sa conversation des jurons formidables habituels aux marins et soldats de l'époque. Il aime Lucile, jeune fille protégée par les seigneurs du lieu; mais ceux-ci le mettent à une rude épreuve en subordonnant leur consentement au mariage à la condition qu'il se corrigera de sa vilaine habitude. Le pauvre homme fait de son mieux; mais cela ne convient pas du tout à son rival, Gilotin, qui tente d'éveiller la jalousie de Lucile en lui remettant une lettre signée d'un nom de femme, tombée de la poche du père Duchesne. Ce dernier, mis en demeure de s'expliquer, oublie toutes ses promesses et jure comme un damné. Pour comble, on lui apporte du château une lettre d'un second rival qui le défie en duel. Il accourt armé de pied en cap, il a même un petit canon ! Mais son rival lui propose une autre sorte de combat : un tonneau de poudre, une bougie et deux pipes. Osera-t-il allumer sa pipe le premier ? Il ose. On reconnaît alors qu'il n'est pas brave qu'en paroles; c'est ce que voulait savoir le seigneur, qui avait tout organisé de connivence avec le prétendu rival, qui n'est autre que le frère de Lucile.

La pièce contient plusieurs scènes très drôles; voici un passage de celle où le père Duchesne se soulage de la contrainte gardée en présence des seigneurs :

Et mille escadres en déroute ! Il n'y a pas de simple mousse ou de pilotin qui ne me ferait la barbe à stheur-ci !... Je ne parle pas d'un matelot ou d'un officier-marinier, dà ! Car, mille pattes d'ancre de miséricorde ! un juron leur tombe de la bouche à ces vivans-là, qu'on dirait qu'ils crachent... Et moi... triste girouette... le moindre triple nom... semble m'écorcher la langue... Ah ! faudra que je me remonte un peu; voyons, voyons un peu ça... Commençons par gronder mes garçons, ça me remettra au courant. (Il appelle en criant). Hola hê ! Terrecuite ! Labrique ! Brulefer !... Où sont donc ces coquins-là ! ces f... fainéants... Ces b... bavards-là, qui causent au lieu de travailler... Ah ! triple feu d'enfer ! v'là que je commence à me retrouver ! Et je m'en vas vous f... faire voir comme je retourne ces gaillards-là ! moi... Ces mille millions !.. Ah ! double carillon !

Dans une ancienne publication, appelée « Le Plat de Carnaval », réimprimée en 1802 par Caron, on trouve un conte où paraît un père Duchesne, marchand de fourneaux, rue Mazarine, jurant et sacrant à tout propos. Dorvigny n'a donc pas créé ce type; mais il a certes contribué à le vulgariser. C'est ainsi que, tablant sur la bêtise du bas peuple qui voit dans la grossièreté un garant de franchise, des journalistes purent mettre leurs feuilles sous l'égide de son héros.

La pièce fut jouée longtemps à l'Ambigu-Comique ;

puis elle passa au répertoire du Théâtre des Grands Danseurs du Roi où on la jouait encore en septembre de l'année suivante.

1790

Durant cette année un calme relatif règne dans Paris. L'Assemblée Constitutante travaille à l'organisation du pays et, chaque jour, elle vote de nouveaux décrets accueillis favorablement par la grande masse du peuple français. Seuls les hauts dignitaires du clergé et les nobles se plaignent, et vont porter leur rancœur à l'étranger. Ceux qui restent manifestent leur mauvaise humeur d'une façon mesquine, comme, par exemple, en s'abstenant de paraître aux représentations données en faveur des pauvres à l'Opéra ou au Théâtre Français (cf. la « Chronique de Paris » du 24 janvier 1790). Mais les autres jours, ils n'ont garde de bouder contre leur amusement favori. Les directeurs de théâtre font d'ailleurs tout leur possible pour attirer le public par un répertoire varié et souvent renouvelé. En janvier, je note douze « premières », distribuées comme suit :

1er janvier : « Les Etrennes du Moment », Théâtre du Comte de Beaujolais.

1er janvier : « Le Réveil d'Epiménide », Théâtre de la Nation.

4 janvier : « Le Marchand Provençal », Théâtre du Palais Royal.

4 janvier : « L'honnête Criminel », Théâtre de la Nation.

6 janvier : « L'Homme au Masque de fer », Théâtre de l'Ambigu-Comique.

12 janvier : « Le vieux Militaire », Théâtre de Monsieur.

13 janvier : « Pierre-le-Grand », Théâtre Italien.

14 janvier : « La Journée de Louis XII », Théâtre du Palais Royal.

16 janvier : « Griffonet », Théâtre du Comte de Beaujolais.

19 janvier : « Les Dangers de l'Opinion », Théâtre de la Nation.

20 janvier : « Les Pommiers et le Moulin », Académie Royale de Musique.

26 janvier : « L'Epiménide français », Théâtre de Monsieur.

Or, ce mois-là, sept théâtres seulement annonçaient leurs spectacles dans le journal que je consulte, « La Chronique de Paris », et il y a trente de ces établissements dans la capitale : on voit que les Parisiens avaient le choix !

Parmi les pièces nouvelles représentées au cours de janvier, je remarque une comédie de Collot d'Herbois, « La Journée de Louis XII ». Elle fut très bien reçue, et l'auteur demandé fut applaudi avec enthousiasme. Ceci m'amène à poser une question : sur quels faits a-t-on bien pu baser la légende d'un Collot d'Herbois acteur sifflé, auteur médiocre, aigri par ses échecs et révolutionnaire extrémiste par dépit ? Dans « La Chronique de Paris » du 10 novembre 1790, on lit à propos d'une autre pièce du même auteur, « Le Procès de Socrate » : « L'auteur demandé et reçu avec transport par le public est M. Collot d'Herbois, connu par des succès sur presque tous les théâtres. » Les royalistes eux-mêmes ne lui refusent pas leurs éloges, ainsi qu'on peut le voir dans les « Sabbats Jacobites » (n° 2) à propos de sa pièce « Les Portefeuilles ». D'autre part, chacun peut lire, dans l'article consacré à ce farouche conventionnel par le Grand Larousse (éd. 1869), une réfutation probante de son trop célèbre échec comme acteur à Lyon. Au témoignage des deux royalistes, C. F. Beaulieu et l'abbé Guillon de Mautléon, cités dans cet article, je puis ajouter celui de la « Biographie moderne, ou Galerie historique des Français célèbres depuis le commencement de la Révolution jusqu'à nos jours », publiée en 1816. A l'article consacré dans cet ouvrage à Collot d'Herbois, on peut lire : « Avant la Révolution, il parcourut comme comédien ambulant les plus grandes villes de France, et s'arrêta quelque temps à Lyon où il s'attira une sorte de considération par sa conduite. » Collot d'Herbois *s'arrêta* à Lyon : l'eût-il fait si le public l'y avait sifflé ? Enfin, dans l' « Histoire de Lyon depuis les Gaulois jusqu'à nos jours », publiée en 1837 par un Lyonnais, C. Beaulieu, le nom de Collot ne figure pas du tout, pas même parmi ceux des terroristes qui mirent la ville à feu et à sang ! Avait-on déjà oublié, à Lyon, et les coups de sifflet à Collot et la vengeance qu'il en avait tirée ? Ou bien n'y aurait-il là qu'une histoire inventée par un groupe de Lyonnais vindicatifs, lors du procès de Barrère, Billaud-Varenne et Collot d'Herbois ? C'est en effet dans une « Adresse des Lyonnais à la Convention Nationale », présentée le 17 ventôse, an III, et renvoyée à la Commission chargée d'examiner les accusations de Lecointre contre les trois hommes précités, que Collot est accusé de s'être écrié « dans les transports d'une joie féroce: «*Me voilà vengé des coups de sifflet que j'ai reçus au Théâtre de Lyon.*» Mais ce témoignage porté par des hommes tout remplis de ressentiment et qui demandent vengeance peut-il faire autorité ? Et tous ceux qui l'ont répété n'auraient-ils pas été quelque peu ébranlés dans leur conviction s'ils avaient su que le comédien sifflé, l'auteur médiocre, le braillard toujours ivre, avait par sa conduite mérité la considération de ses concitoyens, et qu'il vivait tranquillement et modestement de ses rentes lorsque la Révolution éclata ? Malheureusement pour lui, Collot fit de la politique, et même de la politique à tendances communistes; et comme c'est surtout cela que ses adversaires lui reprochent sans oser le dire, on répétera encore longtemps qu'il a exercé sur Lyon une vengeance aussi basse que cruelle.

Vers la fin de l'année, au cours du mois de septembre, pour neuf théâtres annonçant leurs spectacles, je trouve dix-sept « premières » :

Le 4 : « La fausse Nièce », comédie, Théâtre du Palais Royal.

Le 9 : « La Folie de la Liberté », vaudeville, Théâtre des Délassements Comiques.

Le 9 : « L'Italiana in Londra », opéra buffa, Théâtre de Monsieur.

Le 11 : « La Sortie du Couvent », comédie, Théâtre des Délassements Comiques.

Le 14 : « Joconde », opéra français, Théâtre de Monsieur.

1790. — Coiffure à la Nation.

Se trouve à Paris, chez Depain, coiffeur de dames et auteur de cette coiffure.

Le 16 : « Les deux Muets », comédie, Théâtre des Grands Danseurs du Roi.

Le 21 : « Il est bon de s'entendre », comédie, Théâtre Français Comique et Lyrique.

Le 22 : « Le Volage », comédie, Théâtre du Palais Royal.

Le 23 : « Le Curieux indiscret », opéra, Théâtre de la Montansier.

Le 24 : « Le Bal masqué », comédie, Théâtre des Délassements comiques.

Le 25 : « Les deux Fées » opéra, Théâtre des Délassements comiques.

Le 28 : « Guillero, ou le scieur de pierre », pièce très comique (sic), Théâtre des Grands Danseurs du Roi.

Le 29 : « Les Coquettes dupées », comédie, Théâtre Français Comique et Lyrique.

Le 30 : « La Fée Moustache », opéra, Théâtre des Délassements Comiques.

Le 30 : « Le Sourd, ou l'Auberge pleine », comédie, Théâtre de la Montansier.

Parmi les pièces qui eurent un succès prolongé cette année-là, je citerai :

« La Soirée orageuse », comédie en 1 acte de Radet; Théâtre des Italiens, le 29 mai.

« Le Présomptueux », comédie en 5 actes et en vers de Fabre d'Eglantine; Théâtre de la Nation, le 5 juin.

« La folle Gageure », opéra-bouffe de Léger; Théâtre Français Comique et Lyrique, le 30 juin.

« Les Amans sans amour », comédie en 1 acte de Monnet; Théâtre de la Montansier, le 30 juin.

« La double Intrigue », comédie en 2 actes de Dumaniant; Théâtre du Palais Royal, le 10 juillet.

« Le Sourd, ou l'Auberge pleine », comédie en 3 actes de Choudard Desforges; Th. de la Montansier, le 30 septembre.

« La Soirée orageuse » est une opérette qui ferait certes encore les délices du public de nos jours. On y voit un barbon, rossé, conduit au poste sous une pluie d'orage, tandis que, chez lui, on unit la jeune fille qu'il aime à un rival qu'il avait bien cru écarter. Lorsqu'il est enfin relâché, il est trop tard pour rien empêcher, et il ne lui reste plus qu'à chanter :

Vieillard qui d'amour est épris
S'expose à plus d'une tempête :
Que de nuages rembrunis
Sont prêts à fondre sur sa tête.
Mais au moment de s'engager,
Que sa destinée est heureuse,
S'il est quitte d'un tel danger
Pour une soirée orageuse.

1790. — Coiffure aux charmes de la liberté

Se trouve à Paris, chez Depain, coiffeur de dames
et auteur de cette coiffure.

Cette pièce, jouée pour la 22e fois le 18 septembre, reparut très souvent sur l'affiche au cours des années suivantes.

« Le Présomptueux » est un ouvrage d'un plus grand mérite. Reçu à la fin de 1788 au Théâtre Français et joué le 7 janvier 1789, il avait été habilement étouffé dès le premier acte par les amis de Collin d'Harleville. Celui-ci prétendait, en effet, que Fabre lui avait fort peu honnêtement emprunté le plan de ses « Châteaux en Espagne ». Toutefois on s'accorde à reconnaître que Collin n'eut aucune part à la vilaine action de ses partisans. Quoi qu'il en soit, la pièce de Fabre reprise, ou plutôt jouée pour la première fois le 5 juin 1790, obtint un grand succès. Comme on ne lit plus guère Fabre d'Eglantine je ne me ferai pas scrupule de la résumer : Valère d'Artagnan est un jeune fou persuadé que tout doit lui réussir en ce monde. Si parfois il échoue c'est, dit-il, qu'il n'a pas voulu du succès. D'ailleurs il fait mille plans en un jour et rarement en poursuit un au delà du premier obstacle. Cependant il a gaspillé l'héritage maternel et songe à épouser une jeune personne fort riche. Justement il en a rencontré une en venant à Paris et, plein de ses projets, il est venu loger au même hôtel que la demoiselle et ses parents. Le seul fait qu'on lui a parlé poliment l'exalte et le rend certain d'avoir plu et d'être agréé. Le voilà qui bâtit mille projets plus extravagants les uns que les autres; aussi est-il bien déçu lorsque M. de Franval, le père de la jeune fille, lui montre sa folie et l'engage à retourner auprès de son père qui le cherche pour le faire enfermer.

La scène ou Franval demande à Valère quel est son état est superbe. Tour à tour, le jeune homme s'enthousiasme pour l'armée, la justice, l'agriculture et prononce des discours magnifiques sur chacun de ces états. J'en citerai un passage (acte IV, sc. IX) :

FRANVAL

Avez-vous un état ?

VALERE

J'en ai dix s'il le faut.

FRANVAL

Dix états ! Justement, voilà le grand défaut.
Il faut n'en avoir qu'un quand on le veut bien faire.

VALERE

Un, soit.

FRANVAL

Lequel ?

VALERE

Faut-il que je sois militaire ?

FRANVAL

L'êtes-vous ?

VALERE

Non, Monsieur, mais rien n'est plus aisé:
Je suis noble, et, je crois, assez favorisé.
Je demande au ministre un moment d'audience ;
J'expose à ses regards mes vœux et mes moyens.
Des modernes guerriers, ainsi que des anciens
Je connais la tactique et la force et l'adresse;
J'ai lu Folard, Polybe, et César et Végèce.
Le ministre enchanté m'employe au même instant.
Je pars, je fais la guerre, en un mot, je fais tant
Qu'avant qu'il soit six mois, comme je le projette,
C'est hazard si mon nom n'est pas dans la Gazette.

Analysant cette pièce dans son numéro du 6 juin, la « Chronique de Paris » écrivait : « Nous ne nous arrêterons pas à critiquer les défauts du plan; nous nous contenterons d'observer que le héros est plus visionnaire que présomptueux. Nous aimons mieux dire que l'esprit, la gaîté, la verve, l'agrément de plusieurs détails, et surtout la grande originalité du rôle principal lui ont obtenu et mérité beaucoup d'applaudissements, et cet ouvrage, qu'on avait traité avec une barbarie dont il y a peu d'exemples dans les annales du théâtre, a eu beaucoup de succès. »

« La folle Gageure » est une farce sans conséquence : deux fermiers soupçonnent mutuellement la femme de l'autre d'écouter les propos galants de leur seigneur, le marquis d'Orsigny. Ils se font part de ces soupçons; mais chacun d'eux étant sûr de la fidélité de sa moitié, ils décident d'employer le stratagème du faux départ pour tirer la chose au clair; de plus ils parient chacun dix pistoles que la femme de l'autre acceptera un présent du marquis. Or, les fermières ont surpris leur conciliabule et se vengent de leurs soupçons injurieux en feignant d'accepter toutes deux le bijou offert par le galant. Outrés, les maris sortent de la cachette d'où ils ont tout vu et entendu; mais ils sont accueillis par de vigoureux soufflets et d'amères railleries qui leur apprendront à mieux estimer leurs épouses.

Ce petit rien fut joué très souvent en 1790, et fut encore repris avec succès au Théâtre du Vaudeville, en janvier 1793, sous le titre de « La Gageure inutile, ou plus de peur que de mal ». A partir de cette date, il semble avoir appartenu au répertoire de ce théâtre.

« La double Intrigue » est une des comédies qui, par le sujet et les personnages qu'elles mettent en scène, semblent dater du XVIIe siècle. Je ne m'aventurerai pas à la raconter, cette double intrigue étant fort compliquée, et puis je ne pourrais jamais en rendre ni la vivacité ni la gaîté. J'aime mieux citer ces deux monologue de l'hôtelier Carlin qui forme, avec son stupide valet, un couple de drôles des plus amusants (acte I, sc. IX) :

CARLIN

Offrir mille pistoles à un homme pour l'engager à faire une chose embarrassante, c'est lui tenir le couteau sur la gorge, c'est contraindre sa volonté, c'est lui ravir tous les moyens de refus; c'est une véritable tyrannie. Il faut que je sois né sous une étoile malheureuse pour être contraint à gagner de l'argent à des conditions aussi dures.

(sc. XVI, LE MEME)

... Mais si, malgré mes soins. mes mensonges et mon adresse, l'aventure se découvre : ils peuvent être sûrs d'une chose; j'en jure sur mon honneur, ils auront beau dire, beau faire, crier, jurer, me battre même si cela les amuse, d'abord je ne rends pas l'argent qu'ils m'ont donné.

Et quelle sagesse désabusée dans ce propos du même Carlin à Lélio, jeune amant jaloux :

Tant pis pour vous, si vous croyez tout ce que vous voyez; vous vous préparez bien des chagrins en amour.

Je ferai connaître la comédie de Monnet, « Les « Amans sans amour », en citant ses personnages :

Laure, jeune veuve, tient à Fleurval par coquetterie.
Fleurval, homme à bonnes fortunes, se croit aimé de Laure.
Damon aime sincèrement la jeune femme.
Marton, suivante de Laure, par dévouement à Damon, attire Fleurval dans un rendez-vous.
Frontin, mari jaloux de Marton.

Comme on le devine sans peine, Frontin se substitue à sa femme, et c'est à ses pieds que Laure, prévenue par Damon, trouve Fleurval.

Cette comédie eut un immense succès et tint l'affiche presque sans interruption durant plusieurs mois.

J'en viens à la pièce qui fut, sans contredit, l'un des plus grands succès de l'époque, « Le Sourd ou l'Auberge pleine ». Elle fut jouée dix-huit fois en octobre, puis ensuite presque continuellement pendant trois ans, et reprise encore en l'an IV. Elle mérite donc d'être connue, et je vais essayer d'en donner un résumé aussi bref que possible : sous peine d'un dédit de 30.000 livres, M. d'Oliban a promis la main de sa fille à un riche propriétaire des environs d'Avignon, M. d'Anières. Il s'aperçoit un peu tard que son futur gendre, en plus de jeune et riche, est fort bête et même grossier, et il a des remords. L'auberge, où ils logent tous, lui, d'Anières, sa fille Joséphine et son amie, est pleine, et l'aubergiste l'explique à un voyageur qui vient d'arriver. Mais celui-ci est sourd comme une porte et comprend tout de travers. Voyant la table préparée pour le souper commandé par d'Anières, il croit que c'est la table d'hôte et s'y assied. Rien ne peut l'en faire partir, il finit même par occuper la place d'honneur, entre les deux jeunes filles, croyant que c'est cela qu'on veut de lui. Ensuite il s'empare de la chambre réservée à d'Anières, qui se voit obligé de dormir sur deux chaises, dans la salle à manger. Il faut dire que, par son avarice, ce dernier s'est rendu antipathique aux serviteurs de l'auberge, et qu'ils ne sont pas sans favoriser à ses dépens le sourd dont les mains sont toujours ouvertes. Or, le matin suivant, c'est-à-dire au troisième acte, on découvre que le sourd n'est autre qu'un jeune homme dont Joséphine a fait la connaissance à Paris, où les deux jeunes gens avaient ébauché une intrigue fort tendre. La jeune fille, à qui son père a promis qu'il payerait le dédit plutôt que de la rendre malheureuse, lui avoue son amour et lui présente le faux sourd sous son véritable nom. Tout finit le mieux du monde, car le hobereau, mis en demeure par son rival heureux de renoncer à Joséphine ou de se battre, aime encore mieux perdre les 30.000 francs du dédit que de risquer un coup d'épée.

Je voudrais pouvoir citer toute la scène du souper; elle est vraiment bien faite et, à elle seule explique le succès de la pièce.

« Le Sourd et l'Aveugle » eut sans doute un succès de fou rire. Toute l'intrigue repose sur les infirmités de deux vieillards, deux voisins, qui, sollicités chacun par son fils de demander la fille de l'autre en mariage, s'avisent de devenir amoureux des jeunes personnes et de faire la demande en leur nom propre. Mais lorsque les contrats sont dressés, les jeunes gens profitent de ce que l'un est aveugle et l'autre sourd pour y faire inscrire chacun son nom au lieu de celui de son père. Voici un passage de la scène où Grouppe, le sourd, est mis par sa fille Marianne en présence de Rosa, la jeune voisine dont son fils Basbord est amoureux. Il donnera une idée des quiproquos dont la pièce abonde :

MARIANNE, à son père, lui désignant Rosa

Mon père ? Voyez ce charmant objet.

GROUPPE, à part

Elle a un charmant projet.

MARIANNE

Mon frère l'aime, il faut les marier.

GROUPPE, à part

Il faut me marier ?

MARIANNE

Cette jeune personne convient à mon frère.

GROUPPE, à part

Cette jeune personne ferait bien mon affaire.

BASBORD, très haut

Eh bien, mon père, consentez-vous ?

GROUPPE

Est-ce que c'est aussi ton avis à toi ?

BASBORD, de même

Assurément, mon père.

GROUPPE

Je suis bien heureux d'avoir des enfants si raisonnables : j'avois la même idée que vous; mais je n'osois vous en faire part, dans la crainte de vous y trouver contraires.

MARIANNE, vivement

C'étoit votre dessein ?

BASBORD, de même.

Quoi, vous y pensiez ?

GROUPPE, gaiement

Depuis longtemps, et ce n'étoit que l'embarras du choix qui me retenait.

BASBORD, très haut

Hé bien, voilà Mademoiselle.

GROUPPE

En vérité...

MARIANNE, très haut

Faites-en la demande au père.

GROUPPE

De tout mon cœur. (A Rosa) Mais y consentez-vous ?

ROSA

Cette heureuse union fait toute mon espérance.

GROUPPE, avec joie

Elle n'y a point de répugnance !

Cette petite farce fut jouée presque chaque jour durant trois mois, et reprise avec succès en septembre 1791, au Théâtre Louvois.

Ce sont là quelques-unes des pièces qui, en l'an 1790, permirent aux Parisiens d'oublier pendant quelques heures que la France était au creuset et que, grâce à l'obstination des privilégiés, toute l'Europe l'y rejoindrait bientôt.

1791

Avec l'année 1791, commence l'ère tragique de la Révolution. A la résistance des nobles et des hauts dignitaires de l'Eglise vient s'ajouter celle des prêtres réfractaires à la Constitution civile du clergé. Ces derniers entraînent à leur suite un grand nombre d'hommes. et surtout de femmes du peuple. «La nuit elles dévastent le jardin du presbytère, jettent dans le puits de la paille de blé, déposent des ordures devant la porte, introduisent du sable dans les serrures. Quand l'assermenté sort, les enfants le suivent et imitent le chant du coq, par allusion à la trahison de saint Pierre. Sur son passage, les fermiers lâchent les chiens. On refuse de lui rien vendre ou, ce qui est pis, on l'exploite. Quand il est chargé de desservir deux paroisses et se rend le dimanche d'un territoire à l'autre pour la seconde messe on l'attend au carrefour des routes avec des quolibets, des insultes, parfois des pierres. » (P. de la Gorce, op. cit., t: I, p. 418). Déjà le spectre de la guerre civile se dresse à l'horizon, et « les paysans débarrassés d'entraves, payant moitié moins qu'ils ne faisaient, osent à peine se réjouir d'être libres, de peur d'être damnés ». (La Fayette, « Mémoires », t. III, p. 189.)

D'autre part, le peuple se méfie de plusieurs de ses représentants. Mirabeau meurt à temps pour ne pas être jeté à bas du piédestal où l'admiration populaire l'avait élevé; La Fayette perd une partie de son prestige pour n'avoir su empêcher la fuite du roi, et s'attire la colère des « patriotes » par la fusillade du Champ de Mars, le 17 juillet. Ce jour-là, Bailly perdit aussi sa popularité. Mais, de tous les personnages en qui le peuple avait placé sa confiance, c'est le roi qui le déçut le plus complètement. L'Assemblée aura beau s'efforcer de pallier la faute commise par le monarque dans la nuit du 21 juin; les monarchistes constitutionnels auront beau vouloir rejeter cette faute sur l'entourage de Louis XVI, la confiance du peuple ne lui reviendra plus entière. En voici une preuve : on sait que le jour où le roi accepta publiquement la Constitution, la capitale fut illuminée en signe de réjouissance; or, un cordonnier avait mis sur sa fenêtre deux chandelles et un transparent où on lisait ces mots :

Vive le Roi
S'il est de bonne foi.

C'est-à-dire que, désormais, la parole royale est sujette à caution : c'est d'après ses actes que le monarque sera jugé.

Pour savoir à quel point les Parisiens avaient été affectés par la fuite du roi, il suffit de lire les annonces des théâtres le lendemain de cet événement. D'abord les noms sont changés : le Théâtre de Monsieur devient le Théâtre de la rue Feydeau; celui des Grands Danseurs du Roi, Théâtre de la Gaîté; l'Académie Royale de Musique devient l'Opéra ou l'Académie de Musique. Le Théâtre de la Nation, qui commençait toujours l'annonce de ses spectacles par ces mots : « Les comédiens ordinaires du Roi donneront...... etc. », supprime cette introduction. Ensuite, les pièces mêmes reflètent l'état d'âme du public : on joue « Brutus » sur plusieurs scènes.

Mais si c'est hier que les Français ont inventé la formule si expressive : « Ne pas s'en faire », il y a beau temps qu'ils la mettaient en pratique et, sitôt passé le premier moment d'émotion, ils reprenaient leurs chères habitudes.

En ce mois de juin assombri dès ses débuts par les bruits persistants de l'enlèvement du roi, puis par la tentative de fuite de celui-ci, je relève douze pièces nouvelles pour un total de huit théâtres :

Le 6 : « Adelaïde et Mirval », comédie; Théâtre des Italiens.

Le 6 : « Le retour d'Esope au boulevard », Théâtre de l'Ambigu-Comique.

Le 6 : « La Bastille », pièce héroïque; Théâtre Français Comique et Lyrique.

Le 9 : « Encore des Ménechmes », comédie; Théâtre de Monsieur.

Le 13 : « Il Re Teodoro », opéra; Théâtre de Monsieur.

Le 14 : « La Nuit espagnole », opéra; Théâtre de Monsieur.

Le 14 : « Castro et Pollux », opéra; Académie Royale de Musique.

Le 15 : « L'Intrigue épistolaire », comédie; Théâtre des Grands Danseurs du Roi.

Le 16 : « L'Usurier gentilhomme », comédie; Théâtre des Grands Danseurs du Roi.

Le 27 : « La Boutique du perruquier », comédie ; Théâtre d'Emulation.

Le 27 : « Merseuil, ou le Libertin corrigé », comédie; Théâtre Français Comique et Lyrique.

Le 28 : « Jean sans Terre », tragédie; Théâtre de la rue de Richelieu.

La qualité des pièces nouvelles qui obtinrent un vif succès en 1791 est supérieure à celle des pièces que j'ai citées pour l'année précédente. En voici quatre qui furent jouées sur les deux premières scènes de Paris :

« M. de Crac en son petit Castel », comédie en 1 acte et en vers de Collin d'Harleville; Théâtre de la Nation (le 4 mars).

« L'Intrigue épistolaire », comédie en 5 actes et en vers de Fabre d'Eglantine; Théâtre de la rue de Richelieu (le 15 juin).

« Le Conciliateur », comédie en 5 actes et en vers de Demoustier; Théâtre de la Nation (le 19 septembre).

« Minuit, ou l'Heure propice », comédie en 1 acte et en prose de Désaudras; Théâtre de la Nation (le 31 décembre).

La première de ces pièces met en scène un tout petit seigneur gascon, pauvre d'avoir, mais riche d'imagination, M. de Crac. Son fils, M. d'Irlac, revient au foyer paternel après une longue absence. Il a le bonheur d'arriver juste à temps pour délivrer son père des mains de trois voleurs de grands chemins, mais il n'en est pas reconnu. Invité au château, il s'amuse à garder l' «incognito» et, s'étant aperçu que son père « hâble » sans cesse, il veut renchérir sur lui.

Peut-être est-ce manquer de respect au cher père, se dit-il ;

Mais le cœur paternel fera grâce, j'espère.

Cependant sa présence porte ombrage à Francheval, l'amant de Mlle de Crac ; surtout lorsque le père de celle-ci, croyant avoir découvert en Saint-Brice (c'est le nom assumé par son fils) un prince étranger, un bon parti possible pour sa fille, refuse de l'agréer pour gendre. Il provoque Saint-Brice en duel ; mais celui-ci lui dévoile son identité, ce qui ne les empêchera pas de faire semblant de se battre, car Saint-Brice a obtenu de son père la promesse de donner sa fille au vainqueur. Saint-Brice se laisse désarmer par Francheval et M. de Crac, qui voudrait bien éluder l'accomplissement de sa promesse, invente un subterfuge :

M. DE CRAC

Il survient un obstacle.

FRANCHEVAL

Et léquel, jé vous prie ?

M. DE CRAC

Mon fils né veut pas qué sa sœur sé marie.
Dé lui je reçois une lettre à l'instant.

. . . .

. . . .

« Surtout, cher papa, m'écrit-il, n'allez pas
Vous hâter d'établir ma sœur dans la province ;
Je l'ai presque promise au fils d'un très grand prince. »
On sent qu'un tel hymen, et surtout qu'un tel fils
Méritent quelque égard.

SAINT-BRICE

C'est aussi mon avis.
Expliquons-nous, pourtant, ici, je vous conjure.
De renchérir sur vous j'avais fait la gageure,
Et j'espérais gagner. Ce nouvel incident
M'étonne, mais j'espère en sortir cependant.
M. d'Irlac enfin (et c'est mon coup de maître)
Vous le faites écrire, et je le fais paraître.

M. DE CRAC

Qué voulez-vous dire ?

SAINT-BRICE

Oui, ce fils, ce frère...

M. DE CRAC

Eh quoi ?

SAINT-BRICE, gasconnant un peu.

Vous né dévinez pas, cher papa, que c'est moi ?

M. DE CRAC

Mon fils, il s'est cassé la jambe,
Dis-tu ?

SAINT-BRICE, gasconnant un peu dans le premier vers

Jé lé croyais, il rédévient ingambe.
Quoi, vous n'avez pas eu quelques pressentimens ?
Comment ? depuis au moins dix heures que je mens,
(gasconnant encore)
Vous n'avez pas connu vôtré sang, mon cher père ?

M. DE CRAC

Lé coquin ! qu'il a bien tout l'esprit dé sa mère !
Jé né mé sens pas d'aise,
Mais vous êtes pourtant, mon fils, né vous déplaise,
Le plus hardi havleur... !

Rien ne s'oppose plus à l'union de Mlle de Crac avec Francheval : tout est bien qui finit bien.

La pièce fut jouée dix fois dans le cours du mois de mars et fit longtemps partie du répertoire de la Comédie Française; mais ce succès fut surpassé, momentanément du moins, par celui de la pièce de Fabre d'Eglantine. Pour analyser convenablement les cinq actes de cette comédie, il n'a fallu guère moins de deux colonnes de la «Chronique de Paris». Je me bornerai à en indiquer la trame. Pauline, pupille du procureur Clénard, a ravi le cœur du jeune Cléri. Ils ne se sont jamais parlé, mais ils s'écrivent. Le tuteur a surpris leurs lettres et veut mettre fin à cette aventure en épousant lui-même Pauline dont il convoite les biens. Inutile de dire que les jeunes gens parviennent à déjouer ses plans.

C'était presque un tour de force de remplir cinq actes des aventures de deux jeunes gens qui n'ont pas de ces confidents si utiles à la scène, et dont tous les projets doivent être combinés par lettres; Fabre l'a fort bien réussi et cette comédie fut une nouvelle preuve de son talent. La « Chronique de Paris » dit de cet ouvrage : «... Enfin on y rit, et de ce rire franc et vrai que Thalie ne connaissait plus depuis longtemps. Nous ne doutons pas que cette pièce n'attire une grande affluence de spectateurs; car on a besoin de rire, et notre imagination est assez rembrunie pour que nous devions savoir gré aux auteurs qui ont le talent, fort rare, de l'égayer. » Du 15 juin, date de la première représentation, au 15 juillet, la pièce fut jouée 14 fois. Son succès fut soutenu, et Ch. Nodier dit, dans son édition des œuvres choisies de Fabre d'Eglantine, publiée en 1824 : « L'Intrigue épistolaire » est restée au répertoire du Théâtre Français et elle produit toujours beaucoup d'effet aux représentations. »

« Le Conciliateur » est une de ces pièces que l'on s'étonne de trouver en pleine Révolution. L'auteur donna tort au proverbe qui affirme que « bon sang ne peut mentir », car, descendant de Racine par son père, et de La Fontaine par sa mère, loin de marcher sur les traces de ses illustres devanciers, il préféra renchérir sur les subtilités de Marivaux et imiter les grâces affectées de Dorat. On a peine à concevoir les Parisiens de 1791 écoutant avec plaisir ce galant verbiage. Cependant il ne peut y avoir le moindre doute à cet égard : sans atteindre au succès des deux pièces précitées — « Le Conciliateur » fut joué 8 fois en un mois

— cette comédie se maintint longtemps sur la scène avec éclat. En voici le sujet : deux voisins de campagne, Mondor et Dorval, sont brouillés depuis quinze ans par un procès. Le neveu de Dorval aime la fille de Mondor et s'introduit chez celui-ci sous le nom de Melcourt. Son but est de réconcilier les deux familles, afin de pouvoir mener à bien ses projets matrimoniaux. Il se heurte à deux rivaux, au caractère autoritaire de Mme Mondor, à la galanterie surannée de deux vieilles filles, sœurs de Mondor. Toutefois il triomphe de tous les obstacles grâce à son aimable naturel.

A vrai dire la réussite de Melcourt est rendue trop aisée par la crédulité illimitée des personnages qui lui sont opposés : ils sont tellement avides de compliments qu'ils cèdent aux premiers qu'il leur adresse, même lorsqu'ils sont si outrés qu'ils ressemblent à de l'ironie. Voici une scène à l'appui de cette remarque, elle donnera aussi une idée du style de Demoustier (acte IV, sc. VI) :

Mme DE VERTSEC, à Melcourt avec ironie

Ma sœur vient en ces lieus
Pour vous offrir des fers.

Mme DE BOISVIEUX, à Mme de Vertsec

Mêlez-vous, je vous prie,
De vos affaires.

MELCOURT

Là !

Mme DE BOISVIEUX

Vous avez la manie
De jaser sur mon compte; et vous ne dites pas
Que le même projet conduit ici vos pas.

Mme DE VERTSEC, montrant sa sœur

N'êtes-vous pas tenté d'une aussi belle flamme ?

Mme DE BOISVIEUX

Parlez pour vous.

Mme DE VERTSEC

Voyez, Monsieur !

MELCOURT, à Mme de Vertsec

Je vois, Madame,
Qu'ainsi que le printemps l'automne a sa beauté.

Mme DE BOISVIEUX

L'automne! mais je suis encore dans mon été.

MELCOURT

Et dans votre printemps, car l'esprit n'a pas d'âge.

Mme DE VERTSEC

Mais les attraits...

MELCOURT

Fi donc! parle-t-on du visage
Quand il s'agit de cœur, d'esprit et de raison ?
La fleur de la beauté n'est qu'une illusion
Qui cache les vertus en déguisant le vice:
Le sage attend toujours que le charme finisse
Quand il veut s'attacher à la réalité.
Son cœur se rend alors à la solidité
Du vrai mérite. Ainsi la saison où vous êtes,
A parler sensément, est celle des conquêtes.

Mme DE VERTSEC

On pourrait donc compter ?...

Mme DE BOISVIEUX

Sur la vôtre ?

MELCOURT

Je croi
Que vous vous amusez à mes dépens.

Mme DE BOISVIEUX

Pourquoi ?

MELCOURT

Croirai-je qu'en effet votre haute sagesse
Veuille bien s'abaisser jusques à ma jeunesse,
Et qu'enfin vous ayez la générosité
De prodiguer pour moi votre maturité ?

Et dire que cela continue sur ce ton durant cinq actes! Combien plus amusante est l'aimable comédie de

Désaudras! Le sujet en tient en quelques lignes : l'oncle et la tante de Séraphine, très jeune et jolie veuve, ont enfermé par mégarde leur neveu Floridor dans la chambre de leur nièce. Celle-ci se défend d'aimer le jeune homme qu'elle traite en enfant, mais elle finit par se laisser gagner à sa tendresse. Leurs doux propos sont bientôt interrompus par l'oncle, inquiet d'avoir trouvé vide la chambre de Floridor. L'histoire finira par un mariage.

C'était innocent au possible, et les spectateurs durent se frotter les yeux en sortant du théâtre, car bien certainement la pièce les avait emmenés très loin des terribles problèmes du moment.

1792

Les événements se précipitent : l'ère sanglante de la Révolution est ouverte. C'est d'abord, le 20 avril, la déclaration de guerre à l'Autriche; puis l'assaut des Tuileries, le 10 août; l'emprisonnement de la famille royale; les affreux massacres du 2 septembre et, finalement, la proclamation de la République. L'atmosphère est chargée; la méfiance du peuple augmente de jour en jour : chaque victoire de l'ennemi est attribuée à la trahison. Il faut avouer que l'attitude provocatrice des aristocrates est en grande partie responsable de cet état d'esprit. Ces gens ne perdent aucune occasion de bafouer la Constitution et de manifester leurs désirs d'une victoire complète de l'ennemi. Tandis que ceux de l'intérieur applaudissent au Théâtre de la Nation cet hémistiche de « Didon » : « Si l'étranger l'emporte... », les émigrés font imprimer des pamphlets de ce genre, qu'ils font ensuite répandre en France :

THEATRE DU MANEGE DE PARIS

Le public est averti que ce théâtre fera sa clôture dans le courant du mois d'août (les acteurs se croyant forcés d'aller représenter quelque temps dans les provinces du midi de la France) par la représentation d'une tragédie intitulée « La France sauvée », pièce en 5 actes. Acteurs. MM. d'Artois, Condé et compagnie. Cette tragédie sera suivie des « Emigrans à Paris », opéra-comique, paroles du vicomte de Mirabeau, musique du général Beaulieu. Le tout sera terminé par un ballet composé par Bender, dans lequel MM. Pétion, Isnard, Chabot, Guadet, Brissot et autres danseurs du même genre exécuteront les pas les plus difficiles et les soubresauts les plus hardis et les plus périlleux. Plusieurs princes nationaux et étrangers assisteront à ce spectacle qui commencera par l'ouverture des quakers ou trembleurs, et sera términé par les voltigeurs ou les danseurs en l'air.

J'ai dit, au chapitre des pièces concernant la guerre, de quelle façon impitoyable les royalistes se moquaient dans leurs journaux de l'armée révolutionnaire; qu'on ajoute à cela l'insolent manifeste du duc de Brunswick et la journée du 10 août semblera la conséquence naturelle de cette politique de provocations.

A côté des graves événements énumérés plus haut, des incidents d'une nature irritante, tels que la falsification des assignats et la rareté de certaines denrées, entretenaient le petit peuple de Paris dans un état fiévreux qui se manifestait par des scènes tumultueuses. C'est ainsi qu'au mois de février quelques émeutes furent occasionnées par la disette de sucre.

Dans son « Théâtre révolutionnaire », Jauffret écrit, à propos de l'année 1792 : « Le théâtre n'a pas gardé la trace des grands événements de cette année. La raison en est que la Révolution était achevée. Ceux qui voulaient aller plus loin n'osaient avouer leurs desseins et agissaient sans parler ou écrire. » Jauffret n'a pas tout à fait raison : il y eut au moins une pièce intitulée « Le 10 Août » (Th. Patriotique, 25 oct.), et deux opéras-comiques célébrèrent la résistance héroïque de Lille. D'autre part on joua souvent les tragédies propres à nourrir le feu sacré du patriotisme et à inspirer la haine des tyrans, telles que « Spartacus », « Brutus » et « Lucrèce ».

Mais il ne faudrait pas croire que les Parisiens ne songeaient plus à s'amuser : bien au contraire ! « On n'a jamais plus dansé, ni fait de musique, bonne ou mauvaise, que depuis que la patrie est en danger; c'est bon signe, et je crois fermement que, jusqu'aux Sans-Culottes, tout le monde voit venir avec joie cette contre-révolution, dont on nous faisait un épouvantail il y a un an (« A deux liards le Journal », 11 juin 1792, N° 10, 8me mois). Le journaliste se trompait peut-être sur les sentiments de ses contemporains; il n'en est pas moins vrai que s'ils vont volontiers frémir aux représentations d' « Othello » et de « Lucrèce », ils vont tout aussi bien rire aux parodies bouffonnes que ces tragédies font naître. Il y eût deux parodies de « Lucrèce » : « Arlequin Taquin », jouée au Vaudeville le 18 mai, et « La Sage-femme », donnée au Théâtre de la Montansier, le 21 mai. Voici d'ailleurs la liste des pièces nouvelles données au cours du mois de mai, c'est-à-dire, immédiatement après la déclaration de la guerre :

Le 4 : « Lucrèce », tragédie; Théâtre de la Nation.

Le 4 : « Le Grondeur », comédie; Théâtre Patriotique.

Le 5 : « Le Débarquement de la Sainte Famille à Alger », vaudeville; Théâtre Molière.

Le 6 : « La Ruse patriotique », comédie; Théâtre du Lycée dramatique.

Le 12 : « Plaire c'est commander », opéra; Théâtre de la Montansier.

Le 12 : « Agnès et Châtillon », comédie héroïque ; Théâtre de la rue de Louvois.

Le 16 : « Le Curtius français », opéra; Théâtre du Marais.

Le 18 : « Arlequin Taquin », parodie ; Théâtre Molière.

Le 19 : « Cahin-Caha », parodie; Théâtre Molière.

Le 21 : « La Sage femme », parodie; Théâtre de la Montansier.

Le 21 : « Le Sopha », opéra; Théâtre Molière.

Le 27 : « Rosalie et Saint-Amant », pantomime ; Théâtre des Variétés comiques.

Le 28 : « Le Soldat de la Liberté », anecdote; Théâtre Molière.

Et cette liste est certainement incomplète, car l'abondance des matières empêcha la « Chronique » d'imprimer l'annonce des spectacles au moins dix jours en mai.

La journée du 10 août mit la ville en deuil, et le soir, tous les théâtres firent relâche. Mais, dès le lendemain, quelques-uns rouvraient leurs portes et l'on jouait :

Théâtre de la rue de Richelieu : « Macbeth », « Pauline ».

Théâtre de la Montansier : « Le Roi ou le Pèlerin »; « Le Sourd ou l'Auberge pleine ».

Théâtre Molière : « Les jeux de l'Amour et du Hazard »; « Les trois Bâtards »; « Jeannot et Jeannette ».

Cependant la prise des Tuileries avait fait beaucoup de victimes et, de tout temps, la conscience des hommes leur a reproché de s'amuser tandis que certains de leurs frères souffrent; c'est pourquoi l'on a inventé le palliatif des représentations de charité. Tous les théâtres de Paris eurent à cœur de donner une représentation au profit des veuves, orphelins et blessés du 10 août. Le 17, il y eut quatre de ces représentations : à l'Opéra, au Théâtre italien, au Théâtre de la rue de Richelieu, aux Variétés comiques. Celle de l'Opéra rendit la somme rondelette de 5243 l. 4 s. 11 d., dont 253 l. 4 s. 11 d. provenant d'une journée de salaire abandonnée par les ouvriers du théâtre.

Ayant ainsi calmé leurs scrupules, les Parisiens reprirent le chemin des spectacles. Durant le mois de décembre, alors que, du 11 au 26, le roi défend sa vie devant la Convention, le public fait bon accueil aux nouveautés suivantes :

Le 3 : « Jean et Geneviève », comédie; Théâtre italien.

Le 3 : « Le royaume de Saturne », opéra; Théâtre Palais-Variétés.

Le 5 : « L'honnête Aventurier », comédie; Théâtre de la rue de Louvois.

Le 6 : « Le Mont Alphéa », opéra; Théâtre de la Montansier.

Le 6 : « Albert, ou les Origines de la République de Lucques », comédie; Théâtre du Vaudeville.

Le 10 : « Les Quiproquos espagnols », comédie ; Vaudeville.

Le 14 : « Alain et Rosette », opéra-vaudeville; Théâtre Palais-Variétés.

Le 20 : « La petite Orpheline », fait historique ; Théâtre de la Montansier.

Le 22 : « Dupe de lui-même », opéra-pastorale ; Théâtre de la Montansier.

Le 24 : « La Journée dérangée », comédie; Théâtre Feydeau.

Le 26 : « Le Procureur arbitre », comédie; Théâtre Patriotique.

Le 27 : « Le Miroir magique », comédie ; Théâtre du Vaudeville.

Le 27 : « Catherine ou la Belle Fermière », comédie; Théâtre de la rue de Richelieu.

Le 31 : « Le Jour de l'An », comédie; Théâtre Palais-Variétés.

Soit 12 pièces gaies sur un total de 15. Signe des temps : les théâtres furent ouverts le jour de Noël.

Le nombre des pièces qui obtinrent un vif succès en 1792 est très grand. Sans parler de « Cadichon », des « Visitandines, » des « Trois Cousins », de « La Revanche forcée » et d'autres pièces mentionnées aux divers chapitres de la première partie, je relève :

« La jeune Hôtesse », comédie en trois actes et en vers de Carbon Flins; Théâtre de la rue de Richelieu, le 8 janvier.

« L'Isle des Femmes », comédie en 1 acte et en vaudevilles de Léger; Théâtre du Vaudeville, le 21 janvier.

« Le vieux Célibataire », comédie en 5 actes et en vers de Collin d'Harleville; Théâtre de la Nation, le 24 février.

« Le Dîner imprévu », opéra-comique de Desfontaines; Théâtre du Vaudeville, le 10 mai.

« Arlequin Taquin » parodie de « Lucrèce », en 1 acte en prose et vaudevilles de Radet; Th. du Vaudeville, le 18 mai.

« Nice, imitation de Stratonice », comédie en 1 acte en prose et vaudevilles de Ségur et Després; Théâtre du Vaudeville, le 6 juin.

« Piron avec ses amis », comédie en 1 acte, en prose et vaudevilles, de Deschamps; Théâtre du Vaudeville, le 19 juin.

« Contre-temps sur contre-temps » comédie en 3 actes en prose, de Pigault-Lebrun; Théâtre du Palais-Variétés, le 23 octobre.

« M. de Crac à Paris », comédie en 1 acte et en vers libres, par Ar. Charlemagne; Théâtre du Palais-Variétés, le 31 octobre.

« Joconde », comédie en 2 actes de Léger; Théâtre de la Cité-Variétés, le 31 octobre.

« Alain et Rosette », comédie en 1 acte et en vaudevilles, de Léger; Théâtre de la Cité-Variétés, le 14 décembre.

« Arlequin Cruello », parodie d'Othello, par Radet, Théâtre du Vaudeville, le 13 décembre.

« Catherine ou la belle Fermière », comédie pastorale de Julie Candeille; Théâtre de la rue de Richelieu, le 27 décembre.

« La Matinée d'une jolie Femme », comédie en 1 acte et en prose de Vigée; Théâtre de la Nation, le 29 décembre.

Les analyser toutes serait fastidieux; je m'en tiendrai à celles qui semblent contraster le plus fortement avec l'époque.

« La jeune Hôtesse » a été sauvée de l'oubli par Petitot qui l'a jugée digne de son « Répertoire du Théâtre français de troisième ordre ». Et de fait, tout en imitant « La Locandiera » de Goldoni, l'auteur a su en faire une comédie d'esprit bien français. Qu'on en juge : Caroline, jeune hôtesse à Francfort, est fort

Les dernières " nouveautés „ de juillet 1792, d'après le *Journal de la Mode et du Goût*, de Le Brun

coquette et désole Fabrice, son premier garçon d'hôtel, que son père en mourant lui a destiné pour époux. En sa présence, et pour le guérir de sa jalousie, dit-elle, elle permet à tous les voyageurs de lui conter fleurette. L'un d'eux, M. Durmont, parce qu'il est l'ennemi juré des femmes, lui paraît une conquête digne d'elle. Ayant entrepris de le subjuguer, elle y réussit au point de l'amener à lui offrir son nom et sa fortune; puis, fière de son triomphe, elle repousse son offre en annonçant son intention d'épouser Fabrice. C'est au tour de celui-ci de refuser la coquette parce qu'il lui trouve décidément trop d'esprit.

Cette pièce remporta un brillant succès : elle fut jouée onze fois en un mois, puis occupa souvent l'affiche au cours de l'année. En décembre, par exemple, elle y parut six fois, presque toujours avec « L'Intrigue épistolaire ». Etienne et Martainville (op. cit.) attribuent ce succès moins à l'auteur qu'à l'actrice qui tenait le rôle principal, Mlle Julie Candeille; mais on est en droit de voir là une de ces petites méchancetés coutumères entre gens de lettres.

« Piron avec ses amis, ou les Mœurs du temps passé » possédait un grand élément de succès car, on l'a remarqué souvent, le public même le plus ami de l'ordre aime à voir ridiculiser les agents de l'autorité, surtout lorsque ceux-ci font preuve d'un esprit borné. Or, c'est le cas pour le clerc du commissaire et le caporal du guet à qui Piron et ses amis ont affaire par suite des incidents que voici : Piron et ses deux amis, Gallet et Collé, ont assisté à la noce de Landel, fils du patron du fameux « Caveau ». Piron a revêtu un bel habit orné de galons d'or, et comme il veut s'en retourner seul dans la nuit, ses amis lui font craindre que sa mise cossue n'attire les voleurs. Piron leur jette alors son habit au nez et se sauve. Il est rencontré par le guet qui l'arrête, trouvant son accoutrement et sa démarche insolites. Croyant alors que ses amis avaient prévu cette aventure et ont voulu lui jouer une farce, Piron se venge en se disant volé par eux. Les soldats du guet courent après Gallet et Collé qu'ils ramènent bientôt. Lorsque

Piron s'aperçoit que le caporal veut réveiller le commissaire et que la farce pourrait mal tourner, il tâche de remettre la chose au point; mais le caporal croit que c'est par bonté d'âme et ne veut rien entendre. Le clerc du commissaire se présente pour verbaliser : il commence par Piron dont le nom lui est totalement inconnu, et se met dans une grande colère lorsque celui-ci lui dit que son métier est de faire des vers. Ses éclats de voix ont réveillé les voisins qui se mettent à leurs fenêtres :

PIRON

Chut! n'éveillons pas les voisins. Tout ce que vous direz d'ailleurs n'empêchera pas que mon métier ne soit de composer des vers.

GALLET

(air : « Mes bons amis »)

Ça, voulez-vous
Qu'il vous fasse, entre nous,
Une épigramme ou chansonnette ?

COLLE

Et de façon
Que demain votre nom
Dans tous les quartiers se répète ?

GALLET

Il peut vous peindre en noir, en blanc,
Vif, aimable, ou sec et pesant,
Comme Cujas, comme Barthole;

COLLE

Comme un aigle dans votre état

GALLET

Ou comme un petit magistrat
Tout frais échappé de l'école.

LE CLERC, à Gallet

Voyons donc un peu, vous qui parlez, si vous saurez me répondre mieux que lui.

GALLET

(air : « La Boulangère »)

Pour moi je possède un talent
Qui n'est pas moins utile.
C'est de tourner fort joliment
Un petit vaudeville plaisant,
Un petit vaudeville.

(les voisins répètent)

Un petit vaudeville plaisant,
Un petit vaudeville.

LE CLERC, aux voisins

Qu'on se taise et qu'on me laisse procéder.

Bien entendu le clerc se fâche de nouveau lorsque Gallet lui confie que son métier, à lui, est de faire des chansons.

LE CLERC

Ah ! pour le coup, c'est trop fort, je vois qu'il faut nécessairement éveiller M. le Commissaire.

GALLET, le retenant

(air : « Pour la Baronne »)

Le Commissaire,
Respectez son repos : vraiment,
Vous savez si bien votre affaire
Que vous valez, sans compliment,
Un Commissaire.

COLLE

Un Commissaire !
C'est trop peu dire assurément :
Monsieur est si prompt en affaires
Qu'il vaut lui seul, sans compliment,
Deux Commissaires !

PIRON

Deux Commissaires !
Monsieur joint à l'air imposant
Tant de profondeur en affaires
Qu'il vaut au moins, sans compliment,
Trois Commissaires !

Les trois amis font tant que le clerc réveille le commissaire. Celui-ci, par bonheur, possède un frère, poète aussi, les noms des trois joyeux compères ne sont donc pas pour lui, comme pour son clerc, lettre morte, et l'aventure se termine fort gaîment.

Cette petite pièce est d'une gaîté folle et l'on comprend son succès, qui fut soutenu et prolongé : on la jouait encore fréquemment en 1794.

«Contre-temps sur Contre-temps » met en scène des personnages extrêmement communs sous l'ancien régime: un jeune débauché criblé de dettes, un valet mauvais sujet, une veuve jeune, riche et jolie, un vieil oncle bourru. On devine sans peine que le jeune homme s'éprend de la veuve; que l'oncle lui pardonne ses fredaines et l'unit à la dame dont il s'est épris. Bien entendu cela ne va pas sans une série d'imbroglios assez amusants.

« Catherine ou la Belle Fermière » est une comédie aussi peu révolutionnaire que possible. L'héroïne, une jeune femme indignement trompée, puis abandonnée par son mari, a résolu de se retirer à la campagne sous un nom d'emprunt. Mais sa beauté et sa distinction ont été remarquées par deux jeunes nobles de l'endroit. L'un s'est présenté chez elle sous un faux nom et lui sert de secrétaire; l'autre lui fait une cour outrageante. Comme on s'y attend un peu, Catherine finit par apprendre qu'elle est veuve et consent à épouser son amoureux timide.

L'auteur s'était ménagé des occasions de faire briller tous ses talents : elle jouait de la harpe, chantait à ravir, disait des vers, bref, une véritable fermière des Petits Trianons. Tous les journaux décernèrent de grands éloges à cette pièce qui eut une vogue immense et dont Etienne et Martinville disent qu' « elle a été jouée à satiété ».

« Quelques attardés de l'école musquée et quintessenciée qui avait abâtardi et affadi la comédie dans la seconde moitié du dix-huitième siècle continuaient impassiblement, au milieu des scènes les plus sanglantes, à prendre pour modèle Marivaux et Dorat. Vigée donnait, le 29 décembre 1792, sa petite pièce à l'eau de rose, « La Matinée d'une jolie Femme »; et le 19 avril 1793, on donnait « Les Femmes » de Demoustier, une comédie qui est un madrigal en 3 actes, un déluge de fadeurs débitées par six femmes et un jeune homme qui est dans la position de Vert-Vert chez les Visitandines » (Muret, «L'Histoire par le Théâtre»). Ce qui frappe, peut-être encore plus que la fadeur, dans la pièce de Vigée, c'est l'atmosphère «ancien régime» qui s'en dégage, dès la lecture des noms des personnages. Alors que la plupart des auteurs choisissaient des noms aussi bourgeois que possible : Dorval, Dubriage, Dupré, Francœur, Morval, etc., Vigée gratifie de la particule tous les siens, à l'exception d'un seul :

Mmes	de Senanges	MM.	de Selmour
	de Volmar		de Melcourt
	de Milfort		de Belfort
	de Norblin		Dermancé

Je vais essayer de faire revivre cette pièce afin de mieux montrer à quel point le public parisien pouvait détacher son esprit des graves problèmes du moment.

Mme de Senanges est aimée de Dermancé et le paye de retour; toutefois, son premier mariage n'ayant pas été heureux, elle hésite à former de nouveaux liens. Elle doit, ce matin-là, offrir à déjeuner à des amis; mais elle reçoit d'abord la visite de Mlle Simonet, la modiste, qui lui présente des chapeaux. Après quelque hésitation elle en choisit un, tout en modifiant la position de la plume qui le garnit (sc. VIII) :

Mlle SIMONET

Je n'étais pas la maîtresse de la poser autrement, on me l'a demandée ainsi.

Mme DE SENANGES

Comment! ce chapeau-là n'est plus à vous ?

Mlle SIMONET

C'est Mme d'Elmonde qui me l'a commandé, et qui en a choisi elle-même la forme.

Mme DE SENANGES

Pour le coup Mme d'Elmonde est folle. A son âge se coëffer ainsi ! Elle ne sait donc pas que sa toilette est toujours un objet de plaisanterie pour ceux qui la voyent. Avec ses petits yeux et son nez qui n'en finit plus, elle se découvre la figure et se coëffe à une lieue du front.

Mlle SIMONET

Tout ce que Madame voit ici doit être livré ce soir; mais cela n'empêche pas que Madame prenne ce qui lui plaira : j'aurai encore le temps...

Mme DE SENANGES

Je m'en tiendrai à celui-ci, Mademoiselle Simonet. Je veux aller ce soir au spectacle et je me place justement à côté de Mme d'Elmonde : cela lui fera sûrement grand plaisir.

Mlle Simonet potine un peu ; mais elle est interrompue par l'arrivée de Dermancé. Celui-ci presse Mme de Senanges de répondre à une lettre qu'il lui a écrite, et finit par obtenir l'aveu de son amour. Sur ces entrefaites les invités de Mme de Senanges surviennent. Une conversation frivole s'engage :

Mme DE VOLMAR

Je ne conçois pas comment dans une journée, quelque longue qu'elle soit, on peut réfléchir ou s'occuper un seul instant.

Mme DE SENANGES

Voilà qui sera fort du goût de mon petit cousin.

M. DE SELMOUR

Ah ! si vous saviez, ma belle cousine, tout ce que j'ai appris, tout ce que j'ai lu ! Il est bon vraiment que je me repose.

Mme DE VOLMAR

Sans doute. Qu'a-t-il à faire de mieux, ma chère amie, que de se livrer aux plaisirs de son âge ? Qu'un jeune homme sache se présenter, figurer dans un bal, suivre une mode nouvelle, raconter l'anecdote qu'il vient d'entendre, critiquer la pièce qu'il a vue, rendre hommage à toutes les femmes, n'en préférer aucune afin de ménager l'amour-propre de toutes, il me semble que l'on aurait tort d'en exiger de lui davantage : voilà l'homme parfait, l'homme par excellence.

C'est en vain que la pédante Mme de Norblin essaie d'amener la conversation sur un terrain savant, elle en est empêchée par l'arrivée de MM. de Melcourt et de Belfort. Ils apportent la nouvelle du jour : la jeune Mme de Tirol a quitté son vieux mari. Enfin, ils annoncent qu'ils sont venus offrir aux dames de les mener aux courses. Resté seul avec Mme de Senanges, Dermancé la supplie de lui accorder sa main, et elle finit par y consentir.

« Le Moniteur », du 11 janvier 1793, dit de cette pièce : « Tous ces détails, sinon très piquans et très comiques, du moins très naturels et frappans de ressemblance, ont assuré le succès de l'ouvrage. »

Le seul fait que l'on pouvait jouer des pièces telles que « La Matinée d'une jolie Femme » et « Les Femmes » en pleine période révolutionnaire prouve l'exagération contenue dans ces lignes de Challamel : « Il (le peuple) ne se rendait plus au théâtre que pour manifester ses opinions sur les événements du jour, et surtout sa mauvaise humeur » («Histoire-Musée de la République Française », p. 186). D'ailleurs ceux qui ne seraient pas convaincus par cet argument n'ont qu'à jeter un coup d'œil sur les annonces des spectacles. Que de nouveaux Arlequins, de Nicaises, de Jocrisses ! « Arlequin afficheur », bagatelle qui fut représentée plus de sept cents fois en huit ans ; «Arlequin Taquin» « Arlequin Cruello », «Arlequin friand » ; « Jocrisse, ou la Poule aux œufs d'or », «Le Désespoir de Jocrisse» qu'il fallut jouer deux fois par jour tant l'affluence était grande; « Nicaise peintre »; sans compter les anciens qui reviennent souvent sur les affiches.

Et puis, si toute vie sociale eût cessé, si les hommes n'avaient plus eu que la politique en tête, les femmes auraient-elles pris la peine de teindre leurs cheveux ! Or, elles les teignaient, et j'en donne la preuve : le 14 juillet 1792, dans « La Chronique de Paris », une demoiselle J. Anteaume, « seule auteur de la Pommade qui teint les cheveux gris, blancs ou roux en noir », fait part de son changement de domicile. Après tout, le club des Jacobins ne représente qu'une petite partie de la population. On le vit bien lorsque ceux qu'il terrorisait s'avisèrent enfin de réagir.

1793

Si l'année 1792 avait été féconde en événements tragiques, celle de 1793 devait la surpasser en horreur. Tout d'abord la mort du roi déchaîne la guerre civile en Bretagne et grossit le nombre des ennemis extérieurs; ensuite, au sein de la Convention, une politique mesquine, individualiste, a remplacé la politique nationale; seules les commissions travaillent utilement. Enfin, les complots des contre-révolutionnaires, qui profitent de tous les mouvements excités par les partisans des Girondins, leurs pamphlets violents, leurs menaces d'affreuses représailles créent un tel état d'exaspération parmi le peuple que quiconque ose entreprendre de le modérer est tenu comme suspect. On chante dans les rues :

La douce guillotine
Aux attraits séduisants
Attire par sa mine
Les petits et les grands.
Eh ! mais, oui-da,
Comment peut-on trouver du mal à ça !

Il semblerait que les citadins pacifiques eussent dû, à cette époque, vivre dans une crainte perpétuelle, ou l'esprit bien trop occupé des malheurs publics pour prendre plaisir à écouter des fadaises ou des sottises. Mais il faut bien admettre qu'il n'en était rien, car il parut, en 1793, plus de deux cents pièces nouvelles dont quatre-vingts seulement ont une portée politique. Dans son numéro du 4 mai, «La Quotidienne» dit, à propos du Théâtre du Vaudeville, que G. Duval assure avoir été un repaire d'aristocrates : « Ce théâtre est bien la preuve *riante* d'une vérité sérieuse : que le gouvernement d'un peuple change longtemps avant que son caractère soit changé... Des trente-six spectacles de Paris, le Vaudeville est sans contredit un des plus fréquentés, et l'on rit encore aujourd'hui de ce qui faisoit rire nos bons ayeux. » Puis ce journal donne la liste des pièces nouvelles créées sur cette scène depuis le 1er avril; la voici :

« Arlequin machiniste », par Radet, Barré et Desfontaines.

« Poinsinet, ou les gens d'esprit sont bêtes », par Deschamps.

« Le Sac ».

« L'Abbé verd », de Piis.

« Le Divorce », par Desfontaines.

Le 20 avril, ce même journal disait, toujours à propos de théâtre : « Ce ne sera pas un problème peu difficile pour nos neveux que d'expliquer cette réunion dans une même cité des mœurs des Hottentots, de la férocité du Caraïbe, mêlées aux plus séduisantes merveilles des arts, aux délicatesses les plus raffinées du goût. » Challamel confirme ce passage par ces mots : « Le peuple prenait un goût extrême aux fêtes; aussi devenaient-elles fréquentes et magnifiques» (op. cit., p. 186).

Voici quelques-uns des succès de l'année :

« Le Présent, ou l'heureux Quiproquo », comédie en 1 acte, en prose de Patrat; Théâtre du Palais-Variétés, le 1er janvier.

« Le Conteur ou les deux Postes », comédie en trois actes et en prose de Picard; Théâtre de la Nation, le 4 février.

« Cadet Roussel, ou le Café des Aveugles », comédie en vers et en prose de J. Aude et C. Tissot; Théâtre du Palais-Variétés, le 13 février.

« Colombine mannequin », comédie en un acte et en prose mêlée de vaudevilles, par Radet, Barré et Desfontaines; Théâtre du Vaudeville, le 15 février.

« L'Intrigue secrette », comédie en 1 acte et en prose de Monnet; Théâtre du Palais-Variétés, le 27 mars.

« Les Deux Hermites », comédie en 1 acte en prose mêlée d'ariettes, de Planterre; Théâtre Feydeau, le 12 avril.

« Les Femmes », comédie en 3 actes et en vers, de Demoustier; Théâtre de la Nation, le 19 avril.

« Le Cousin de tout le monde », comédie en 1 acte et en prose de Picard; Théâtre du Vaudeville, le 22 juillet.

« Le Tambourin de Provence », opéra de Monnet; Théâtre de la Cité-Variétés, le 13 septembre.

« Le Faucon », comédie en 1 acte en prose et vaudevilles, de Radet; Théâtre du Vaudeville le 23 septembre.

« Le Présent, ou l'heureux Quiproquo » est une comédie fort amusante. Merval doit épouser Lucile Delcar sous peine d'un dédit de 50.000 livres; or, ce n'est pas lui que Lucile aime, mais son neveu. Dans le but d'amener l'oncle à renoncer à elle, la jeune fille lui fait parvenir une lettre lui apprenant qu'il trouvera, parmi les présents qu'elle lui envoie en ce jour de l'an, un paquet qui l'éclairera sur ses sentiments et ceux de son neveu. Cette lettre est remise en même temps que la corbeille contenant les présents en l'absence de Merval. A peine la corbeille a-t-elle été apportée que la mère du valet de Merval vient confier à celui-ci son dernier-né, âgé de trois mois, tandis qu'elle ira faire ses emplettes. Appelé au dehors, le valet pose vivement l'enfant dans la corbeille dont il laisse le couvercle entr'ouvert. Sur ces entrefaites, Merval rentre, trouve la lettre de Lucile et la lit :

Monsieur,

Vous vous êtes servi du pouvoir paternel pour obtenir ma main. Mais vous êtes généreux et sensible, vous méritez toute mon estime, et l'honneur m'oblige à ne pas vous tromper.

Vous trouverez dans la corbeille, que je vais vous présenter par ordre de mon père, un paquet que j'y ai placé à son insçu... Voyons quel est ce paquet dont elle me parle *(il ouvre la cor-*

beille et reste stupéfait). Ce que je vois est-il croyable?... Lucile! O ciel ! A qui se fier désormais ?... Moi qui la vois tous les jours depuis un an, moi qui aurais mis la main au feu... Mais comment a-t-elle fait pour dérober à son père ?... Je suis anéanti... Relisons encore cette lettre. *Vous trouverez dans la corbeille, que je vais vous présenter par ordre de mon père, un paquet...* Je ne m'y attendais pas à ce paquet-là. *Un paquet que j'y ai placé à son insçu...* Je crois, parbleu, bien qu'il ne le sçait pas. *Vous y pourrez connaître les sentiments de votre neveu; son respectueux attachement pour vous...* Plaisante marque de respect... *Sa confiance en votre amitié...* Oui, vraiment, il croit que je paierai pour lui. *Son attachement pour moi, et la manière dont j'y ai répondu...* Parbleu! rien n'est plus clair. *Cachez ce dépôt à mon père...* Il faudra pourtant bien qu'il le sçache. *Si vous persistez à vouloir m'épouser...* Non ferai-je, de par tous les diables. *Il vous restera...* Voilà de jolies étrennes! *Et j'obéirai...* Oui, j'épouserai la femme et l'enfant! *Mais vous aurez à vous reprocher d'avoir sacrifié la délicatesse à l'orgueil...* Moi, jamais. *Et d'avoir causé le malheur d'un couple infortuné qui vous aurait chéri toute la vie.*

LUCILE.

J'ai cité toute la lettre parce qu'elle fait entrevoir le comique des scènes suivantes, où Lucile parle d'un paquet de lettres et Merval, de l'enfant. En voici un passage :

LUCILE

Avez-vous eu la bonté de retirer de la corbeille...

MERVAL

Le paquet ?... Non parbleu, il y est encore.

LUCILE

O ciel! Et si mon père...

MERVAL

L'entendait crier ?

LUCILE

Comment crier ?

MERVAL

Ne faut-il pas que tout cela se découvre ?

LUCILE

Jamais : si vous persistez à vouloir m'épouser, vous garderez ce dépôt, et tout le monde ignorera...

MERVAL

Moi, le garder? Jolie proposition que vous me faites-là !

LUCILE

Si vous n'en voulez laisser aucune trace, vous pourrez le jeter au feu.

MERVAL

Moi, le jeter au feu! Est-ce que le chagrin vous trouble la raison ?

Heureusement la mère du bébé vient le rechercher et tout s'éclaircit enfin. Cependant Merval renonce à épouser Lucile.

Cette petite comédie fut fort bien reçue et fut jouée très souvent au cours de 1793 et 1794.

« Le Conteur » est un ancien militaire devenu aveugle qui a la manie de raconter ses batailles. Cela lui joue un mauvais tour car, un soir qu'il endort ses auditeurs, on lui ravit sa fille. Il se met à sa poursuite; mais la chaise qui emporte les fugitifs est suivie de celle d'un couple anglais, en fuite également, et c'est la source d'une foule de quiproquos plus amusants les uns que les autres. Cependant la jeune fille a des remords; elle oblige son ravisseur à la ramener à son père. L'aventure finira par un mariage.

« La Chronique de Paris » juge ainsi cette bagatelle : « L'auteur a trois pièces renfermées en une. Aussi est-ce une gaîté sûrement sans prétentions, et qui ne doit pas être jugée dans les règles : il suffit de dire qu'elle a beaucoup fait rire et qu'elle a été très bien jouée. »

Les autres pièces n'offrent rien de particulier. Comme « Le Présent » et « Le Conteur », elles sont assez bien composées et fourmillent de traits piquants. « L'Intrigue secrette » se distingue par un dénouement spirituel, analogue à celui de « La jeune Hôtesse ». « Le Tambourin de Provence » n'aurait besoin que d'être allongé pour paraître encore avec succès sur tant de nos scènes où règnent des opérettes dont l'intrigue n'est guère plus compliquée que la sienne. La voici résumée dans un couplet de la ronde finale :

Sur la route de Cythère
Il était un vieux matois
Qui voulait chercher à plaire
A deux belles à la fois.
Amour rit de ses tendresses,
Raison blâme son transport :
On peut avoir deux maîtresses,
Mais deux femmes, c'est trop fort.

Je ne crois pas que la comédie de Demoustier, « Les Femmes », ait dû faire rire; mais je l'ai mentionnée parce que c'est justement là le genre de pièce dont le succès étonne le plus à une époque aussi bouleversée. J'ai cité plus haut, à propos de « La Matinée d'une jolie Femme », le jugement aussi juste que sévère de Muret sur cette pièce où l'on ne trouve ni vraisemblance, ni fond, ni action! quant au style, il est bien plutôt celui d'un poème érotique que d'un ouvrage de Théâtre. Le sujet tient en quelques lignes : sept femmes retirées du monde, et fuyant les hommes pour des raisons diverses, ont recueilli un jeune officier blessé. Six d'entre elles s'éprennent de lui; mais il n'aime que la fille de la maîtresse du logis, ce qui ne l'empêche nullement de leur faire la cour à toutes. Il se trouve que son hôtesse a aimé son oncle, autrefois, et qu'elle ne l'a pas oublié, malgré un abandon brusque et incompréhensible. Or, cet oncle, à la recherche de son neveu, tombe à l'improviste dans cet étrange béguinage : reconnaissance, pardon, deux mariages en perspective.

Pour justifier ce que j'ai dit de cette pièce, aussi bien que le jugement de Jauffret qui trouve dans cet ouvrage une fadeur capable de désespérer Marivaux, La Calprenède et Mlle de Scudéry, je citerai ce monologue d'une dévote éprise :

Il est seul!... Il sommeille... Hélas! quelle pâleur!
Comme il change! Grand Dieu, conserve ton ouvrage!
Défends à la douleur d'altérer ton image!
Quand sous ces traits divins tu t'offres à mes yeux,
Je crois te mieux connoître, et je t'adore mieux.
Oui, dans ces traits chéris, j'admire ta puissance.
Aussi je ne crains pas que cet amour t'offense.
Comment se pourrait-il, mon Dieu, qu'il te déplût,
Puisqu'il est un moyen de faire mon salut ?
Car auprès de personne, autant qu'il m'en souvienne,
Je n'ai si bien senti la charité chrétienne :
Jamais mon cœur, suivant ton précepte divin,
Ne fut si pénétré de l'amour du prochain.

Petitot a eu bien raison de dire que, dans « Les Femmes », la manie du faux esprit est encore poussée plus loin que dans « Le Conciliateur ».

« Le Faucon » est une adaptation du joli conte de La Fontaine; seulement Clitie n'y a ni mari, ni enfant, elle veut le faucon par simple caprice. En outre, Frédéric a conservé un valet qui le sert par affection. Ce valet, chargé de mettre le faucon à mort, lui substitue un vieux corbeau, si bien que l'aventure n'a que des suites heureuses.

Mais la pièce qui fait rire tout Paris aux éclats en cette année terrible, c'est « Cadet Roussel, ou le Café des Aveugles ». Le personnage de Cadet venait d'être rendu célèbre par la chanson bien connue, dont la paternité est attribuée à un soldat français campé dans le Brabant. Cette chanson est en effet calquée sur celle du fameux Jean de Nivelle qui, lui aussi, possédait tout par trois :

Jean de Nivelle à trois châteaux,
Trois chapeaux et trois manteaux;
Il a aussi trois flamberges :
Il les laisse souvent à l'auberge.
Connaissez-vous Jean de Nivelle ?

Les auteurs de la pièce en question ont donc imaginé ceci : dans un café, dit « des Aveugles » parce que l'orchestre y est composé de trois musiciens privés de la vue, le patron — Bontems — a monté un petit théâtre. Ce soir-là on doit y jouer pour la première fois une tragédie, « Matapan, ou les Assassinats de l'Amour », sorte de parodie d' « Othello », et, pour attirer la clientèle, Bontems a engagé le célèbre Cadet Roussel. Celui-ci arrive en retard, amenant son père, sa mère et son jeune frère qu'il installe dans le café. Mais Bontems a promis sa fille à Cadet s'il réussit, et celle-ci aime un autre acteur qui monte une cabale contre le nouveau venu. La tragédie est donc souvent interrompue, Cadet se fâchant tout rouge et faisant appel à son père pour surveiller la salle. Il se produit une scène assez drôle lorsque les parents de Cadet, prenant au sérieux les paroles des acteurs de la tragédie, s'imaginent que l'on veut empoisonner leur fils.

LE PERE ROUSSEL

Cadet, Cadet, ne bois pas ça... C'est d'la poison.

LA MERE ROUSSEL

Oui, mon fils, on veut te jouer un mauvais tour.

CADET

Mais, mon dieu, ne vous inquiétez donc pas. On dit qu'c'est d'la poison à cause que c'est une tragédie; mais c'est pour rire... C'est du cydre, mon papa; j'y vois clair.

LE PERE ROUSSEL

Je ne veux pas que tu le boives, je te le dis; j'ai entendu les autres quand tu n'y étais pas.

Tout finit cependant le mieux du monde : Cadet renonce à la fille de Bontems et son rival ne cabalera plus.

Cette pièce abonde en plaisanteries de ce genre : « Va, cette nuit sera ta dernière journée »; ou bien encore : « Réponds. — Je vais parler. — Je ne veux rien entendre. Parle. » Enfin voici la scène ou Blondinet

(Cadet) doit tuer Cascarinette, sa femme, qu'il soupçonne d'avoir voulu l'empoisonner :

BLONDINET

Tu n'as plus qu'un moment.

CASCARINETTE

Daignez suspendre encore.

Mon père...

BLONDINET

Il est couché, tu ne le verras plus. (Il cherche à ses côtés son sabre qu'il a oublié). Et mon sabre, est-ce que je l'aurais oublié ? (vers la coulisse) Chinard, Chinard, prête-moi ton sabre, je n'ai pas le mien, voici le moment de la tuer.

CHINARD, dans la coulisse

Ma foi, je ne prête pas mes affaires, et puis quand même, je l'ai laissé à la maison.

BLONDINET

Je t'en prie, mon ami, prête-moi donc tant seulement ton couteau à manche de nacre.

CHINARD

Pardieu, oui ! tu me le gâterais.

BLONDINET

Non, mon ami, je t'en réponds. Comment veux-tu que je la tue !

CHINARD

Eh ! donne-lui un coup de pied.

BLONDINET

Bon, merci... Où en étais-je, souffleur ?

« *Oh ! que c'est bête !* » dit, en manière d'introduction au livret de cette sottise l'éditeur Clément ; mais on y vient, l'affluence que cette pièce attire au Théâtre du Palais nous détermine à l'imprimer. Si nous avons autant de débit qu'elle amène de spectateurs, nous dirons aux auteurs : *Oh! que c'est superbe !* Les journalistes qui en ont rendu compte ont exprimé le sentiment universel des mélancoliques guéris aux représentations de cette folie, en appelant *médecins* Beaulieu, Pélicier, Frognères, etc. (acteurs) qui en prolongent le succès. Les rôles les moins importants sont rendus avec une vérité et une intelligence dignes d'éloges. »

Ainsi donc, moins d'un mois après le supplice de Louis XVI, alors que le pain manquait souvent à Paris, la foule se pressait au spectacle d'une semblable niaiserie! O ironie des choses! Plusieurs générations ont frémi au récit des jours de terreur; elles ont vu Paris inondé de ruisseaux de sang, ses rues envahies par des hordes sauvages réclamant des têtes et encore des têtes; ou bien elles l'ont imaginé plongé dans le silence de la douleur que trouble seul le roulement de la fatale charrette; elles en ont vu les habitants émaciés par les privations se glisser craintivement le long des murs pour échapper aux patrouilles des « patriotes », aux bandes des « mégères jacobines » dont parlent les journaux royalistes; elles ont vu les marchands en proie à la crainte du pillage et du massacre dissimulant leurs marchandises avec soin; elles ont lu que la mort du roi a tellement affecté certaines âmes qu'elles n'ont pu supporter ce coup : des hommes et des femmes sont morts de langueur, d'autres se sont suicidés, et parfois dans des conditions atroces; elles ont réfléchi que les mêmes horreurs s'étaient reproduites dans presque toute la France et elles se sont demandé comment ce pays avait pu survivre à cette affreuse crise... Mais nul n'a songé à leur raconter le succès de « Cadet Roussel » !

1794

Le règne de la Terreur est absolu. Groupe par groupe, les hommes qui ont fait la Révolution montent à l'échafaud. Robespierre, cet exemple funeste du mal que peuvent produire les maximes de Rousseau, peut se croire tout puissant. Sachant que seule la peur lui assure la domination, et résolu à mettre toutes les forces de son côté, il décide de donner une nouvelle religion à la

France, une religion dont il sera le pontife : ainsi sa personne deviendra en quelque sorte sacrée. De plus, fidèle encore aux enseignements de son maître, il fait de l'athéisme un crime de lèse-patrie : quiconque ne croira pas au Grand Etre et à l'immortalité de l'âme sera décrété mauvais citoyen. Une par une, Robespierre a renié toutes les idées de justice et de liberté qu'il avait défendues dans ses premiers discours ; mais comme il a respecté les deniers publics, on l'a surnommé l'Incorruptible. On ne voit pas qu'il ambitionne bien plus que la richesse : le pouvoir absolu. Le plus terrible, c'est qu'il a toujours le mot « patrie » à la bouche et que, par là, il fanatise la foule ignorante et réduit ses adversaires au silence ou bien au rôle odieux de traîtres.

Et le nombre des victimes du Tribunal révolutionnaire augmente dans des proportions effrayantes ! Les prisons sont combles ; la liste des condamnés exécutés chaque jour finit par remplir plusieurs colonnes du « Moniteur ». Du 3 avril 1793 au 3 avril 1794, on avait exécuté 505 personnes à Paris ; du 3 avril au 30 juillet 1794, on en a exécuté 2258 !

Que faisaient les Parisiens durant ces jours affreux ? Les journaux qui m'avaient fourni de si utiles renseignements sur la vie à Paris pendant les années précédentes, « La Quotidienne » et « La Chronique de Paris », ont disparu. Le premier, l'un des seuls, sinon le seul organe royaliste décent, fondé en 1792, n'avait dû qu'à une extrême prudence de pouvoir subsister toute une année ; l'autre appartenait au parti girondin dont presque tous les membres ont péri sur l'échafaud. Il y a bien encore « Le Journal de Paris », mais il est devenu aussi morose que prudent. Toutefois, on peut se rendre compte, d'après les annonces de spectacles, que, jusqu'à la mort de Danton et de ses partisans, la Terreur n'a pas affecté les théâtres ; seulement, en 94, on joue plus de pièces de circonstances. Voici, par exemple, la liste des ouvrages nouveaux représentés en janvier :

Le 4 : « L'Intérieur d'un Ménage républicain », comédie ; Théâtre de l'Opéra-Comique National.

Le 4 : « Les Contre-révolutionnaires jugés par eux-mêmes », comédie; Théâtre de la République.

Le 5 : « Toute la Grèce », tableau patriotique; Théâtre de l'Opéra National.

Le 6 : « Sélico, ou les Nègres », opéra; Théâtre de la rue de Louvois.

Le 7 : « Les deux Vieilles », vaudeville; Théâtre de la rue de Louvois.

Le 7 : « Les Dragons en cantonnement », comédie; Théâtre de la Cité-Variétés.

Le 8 : « La Plaque retournée », comédie; Théâtre du Vaudeville.

Le 11 : « L'Expulsion des Tarquins », tragédie ; Théâtre de la République.

Le 11 : « L'heureuse Nouvelle ou la reprise de Toulon », comédie; Théâtre des Sans-Culottes.

Le 13 : « Paul et Virginie », opéra; Théâtre de la rue Feydeau.

Le 17 : « Les petits Montagnards », opéra; Théâtre de la Cité-Variétés.

Le 18 : « Le nouveau Réveil d'Epiménide », comédie; Théâtre de la République.

Le 20 : « Beauvais dans les Cachots de Toulon »; Théâtre des Sans-Culottes.

Le 21 : « La Prise de Toulon par les Français », comédie; Théâtre de l'Opéra-Comique National.

Le 22 : « Les Volontaires en route », vaudeville ; Théâtre du Vaudeville.

Le 23 : « La Reprise de Toulon, ou la Fête du Port de la Montagne », tableau historique; Théâtre de la rue de Louvois.

Le 23 : « La folie de Georges », comédie; Théâtre de la Cité-Variétés.

Le 23 : « L'Ecole du Républicain », comédie; Théâtre du Lycée des Arts.

Sur ces dix-huit pièces , seize ont trait à la politique ou à la guerre; il est vrai qu'il ne s'y trouve qu'un drame et une tragédie.

Mais, à partir du mois d'avril, après que s'est tue la

seule voix qui faisait encore entendre des paroles de modération, on s'aperçoit qu'il y a quelque chose de changé dans Paris; plusieurs théâtres sont fermés, les autres donnent peu de nouveautés; cinq pièces seulement en avril, toutes politiques; dix en mai, dont deux seulement font place au rire : « L'Ecole villageoise », où l'on voit des écoliers se révolter contre leur magister, et « L'Adoption villageoise », dont j'ai parlé dans la première partie de cette étude.

Cependant, si l'on n'écrit plus guère de pièces gaies, on en joue encore beaucoup. D'abord un grand nombre de celles que j'ai mentionnées dans les chapitres précédents : «Jocrisse», «L'heureux Quiproquo», «Piron avec ses amis », « L'Intrigue épistolaire », « Colombine mannequin », « L'Isle des Femmes », « Les Visitandines », « Le Sourd ou l'Auberge pleine », etc. etc. Ensuite, l'ancien répertoire n'est pas abandonné; en juin et juillet on a joué — sur l'un ou l'autre des dix ou douze théâtres annonçant leurs spectacles dans « Le Moniteur » — cinq pièces de Molière : « Le Médecin malgré lui », « L'Ecole des maris », « Le Dépit amoureux », « Les Femmes savantes » et « Le Tartuffe »; en tout douze représentations; on a donné 4 fois « La Métromanie »; 3 fois « Les deux Chasseurs et la Laitière », cette comédie musicale que Marie-Antoinette avait interprétée autrefois au Trianon, avec le comte d'Artois et M. de Vaudreuil; 2 fois « Les Plaideurs » et « Les fausses Infidélités »; enfin, on n'oublie même pas Marivaux dont on joue « Le Legs », le 10 juillet au Théâtre National.

Le rire résonne donc encore dans les théâtres parisiens; mais on ne peut se dissimuler que, durant les derniers mois de la dictature de Robespierre, il y résonne moins souvent.

Conclusion

Je crois avoir prouvé ce que je disais en commençant cette étude, que le rire ne disparut pas du théâtre pendant les jours les plus sombres de la Révolution. Non seulement le rire provoqué par la satire des abus que l'on se réjouissait de voir enfin abolis ; mais aussi le rire franc et libre suscité par des scènes et des réparties du plus pur comique.

Je voudrais ajouter quelques mots en faveur de ce théâtre de la période révolutionnaire dont on a coutume de dire qu'il est, à part quelques rares exceptions, d'une médiocrité au-dessous de toute épithète.

En ce qui concerne le théâtre révolutionnaire proprement dit, seuls les critiques de la seconde moitié du dix-neuvième siècle, qui n'avaient pas connu de crise sociale ou politique prolongée et, par conséquent, pouvaient ignorer à quel point la paix est nécessaire aux arts, avaient le droit de le juger aussi sévèrement. Mais nous qui avons vécu la Grande Guerre, nous savons que c'est une erreur de croire que les grands événements rencontrent toujours des chantres dignes d'eux. Notre époque ne manque pourtant pas d'écrivains de talent : où sont les chefs-d'œuvre que l'affreuse tourmente aurait dû leur inspirer ? Depuis 1918, l'Europe se débat dans un malaise politique, social et financier amenant des situations que l'on s'étonne de ne pas voir exploitées, ou si mal, par les auteurs dramatiques. Ceux de la Révolution surent tirer un meilleur parti des situations créées par les événements.

Quant aux auteurs qui écrivaient sans préoccupations

politiques ou sociales, les uns suivaient tout bonnement les traces de leurs prédécesseurs, les autres continuaient à écrire exactement comme ils l'avaient fait avant 89. Parmi ceux-ci, je citerai Collin d'Harleville, Sedaine, Laujon, ainsi que Radet et Desfontaines, lorsqu'ils oublient la politique. Parmi les nouveaux, Demoustier succède à Marivaux et à Dorat; Fabre d'Eglantine ose continuer Molière, et son audace est applaudie malgré les imperfections de son « Philinte »; Picard fait prévoir la comédie légère du dix-neuvième siècle... Mais l'on dira que les ouvrages de ces auteurs sont rangés parmi les exceptions dont je parlais plus haut. Ce qui suit n'aura donc trait qu'aux pièces de ces auteurs dont les noms ne se trouvent jamais dans les précis de littérature et qui, d'ailleurs, n'ambitionnèrent jamais d'y figurer. Tels sont Monnet, Dumaniant, Charlemagne, Pujoulx, Léger, Piis, Patrat, Choudart-Desforges, Aude, Dorvigny et tant d'autres qui amusèrent les contemporains de la Révolution par une foule de petites comédies ou de farces du plus pur goût dix-huitième siècle.

Car une grande injustice est encore faite lorsqu'on attribue la prétendue médiocrité du théâtre révolutionnaire au public qui emplissait alors les salles de spectacles. A lire certains auteurs, on pourrait croire que le répertoire des théâtres avait été complètement modifié pour plaire à un nouveau public, ignorant et illettré. Or, il n'en est rien : le répertoire fut tout au plus élargi. J'ai eu la curiosité de rechercher quels auteurs avaient été joués le plus souvent à la Comédie Française en 1780, et de comparer ces chiffres avec ceux de 1790 et 1793; les voici :

Auteurs	1780	1790	1793
Corneille	20	10	11
Dancourt	62	29	10
Destouches	31	9	10
Dorat	5	6	7
Du Fresny	19	7	8
Gresset	3	—	2

Auteurs	1780	1790	1793
La Chaussée	7	5	3
Marivaux	6	8	17
Molière	63	69	31
Piron	6	7	2
Racine	16	22	8
Regnard	28	21	10
Voltaire	36	58	33

On remarquera que Molière, Racine et Voltaire furent joués plus souvent en 1790 qu'en 1780, et Marivaux, plus souvent en 1793. Et pourtant les chiffres de l'année 1793 ne couvrent que huit mois, la Comédie ayant été fermée à partir du 3 septembre, et les spectacles, au cours de ces mois, sont toujours interrompus par les vacances de Pâques et d'été. De plus on ne doit pas perdre de vue que, dès 1791, le monopole de ces auteurs échappa aux acteurs de la Comédie et que leurs pièces furent jouées sur plusieurs scènes, entre autres, sur les Théâtres de la rue Feydeau, de la République et de Mlle de Montansier.

Sans doute le public de la Révolution eut-il tort de faire souvent bon accueil à des pièces dont le seul mérite était de flatter ses passions du moment; mais de 1914 à 1918, le patriotisme ne nous a-t-il pas fait applaudir maintes tirades ampoulées, maints couplets d'un sentimentalisme plat et trivial ? Qu'avons-nous à opposer à la « Marseillaise » et au « Chant du Départ » ? — « La Madelon » !

Et puis, le public d'avant 1789 était-il si raffiné ? Sans vouloir remonter jusqu'aux contemporains de Racine qui lui firent l'injure d'applaudir la « Phèdre » de Pradon, ce n'est pas le public des « patriotes » qui lança la vogue de Dorvigny; il y avait beau temps que sa pièce, « Janot, ou les Battus paient l'amende », avait fait courir toute la cour et toute ville au Théâtre des Variétés Amusantes, à tel point qu'il fallut jouer deux fois par jour. « Janot eut tous les honneurs attachés à la célébrité; il fut modelé en terre, en plâtre, en bronze, en stuc; Louis XV l'avait sur sa cheminée. » (Brazier, op. cit.) Et qu'était cette pièce qui avait eu l'honneur d'être jouée devant « Leurs Majestés » ? Une grosse farce dans le goût rabelaisien : Janot, en allant chercher le dîner de son maître, s'arrête sous la fenêtre de sa belle pour causer un brin ; mais le père de celle-ci survient qui lui vide sur le corps le contenu d'un certain vase. Janot va se plaindre chez le commissaire qui lui prend ses quelques sous et le renvoie avec de vagues promesses. Son maître, fatigué d'attendre, le chasse. Janot s'avise alors de se venger en jetant des pierres dans les vitres de celui qui l'a insulté; mais le guet met fin à ses exploits et comme il a cassé un carreau, on lui prend son habit de rechange, que son maître vient de lui rendre, et on le confisque pour payer les frais et l'amende. Inutile d'ajouter que l'odeur dégagée par les vêtements de Janot est la source de scènes mimées qui corsent le dialogue. Quant à celui-ci, en voici un échantillon :

RAGOT

Tu n'as donc pas été à la boucherie ?

JANOT

Pardonnez-moi, Monsieur, j'ai pris un bon pot-au-feu pour demain dîner avec vot'compère, qui est tout de la tranche, qui doit venir avec sa femme, pesant cinq livres, sans os du tout.

Dira-t-on que les gens qui applaudissaient cette farce auraient fait fi ! de « Cadet Roussel ». Ce n'étaient pourtant pas des « sans-culottes ».

Pour ses contemporains qui prétendaient, eux aussi, que l'art dramatique était en décadence, Pujoulx écrivait : « Stationner n'est pas déchoir, et l'on sait qu'il est des causes passagères qui, sans éteindre le goût et le génie d'un art, nuisent momentanément à ses progrès : de ce nombre sont les dissensions politiques car les arts sont fils de la paix; d'ailleurs la longue incarcération de beaucoup de comédiens, leur dispersion, la mort forcée du premier de nos auteurs dramatiques ; les applications particulières que le public ne cesse de faire même aux pièces les plus anciennes; voilà bien assez de motifs qui s'opposent aux progrès de cet art, sans aller chercher dans l'appauvrissement de l'esprit humain, en général, une cause de sa prétendue décadence... Calculons le nombre de bons ouvrages tragiques et comiques représentés dans les deux dernières périodes de douze années, de 1776 à 1788, et de cette date à nos jours : qui osera dire que les tragédies jouées dans la première période surpassent en mérite celles qui ont été jouées depuis douze ans ? Et quant aux comédies, le « Philinte » de Molière n'est-il pas considéré comme le meilleur ouvrage qui ait paru depuis « La Métromanie » ? Telle est l'opinion d'un homme qui avait connu le théâtre d'avant 89.

Il y aurait également une comparaison fort intéressante à faire, entre le théâtre de la Révolution et le théâtre de nos jours, qui réhabiliterait le premier et, du même coup, le public qui l'applaudit. Tout d'abord, les auteurs de la fin du dix-huitième siècle n'ont guère laissé de sujets à exploiter; ceci est tellement vrai qu'il m'est arrivé fréquemment au cours de mes lectures de me demander où j'avais vu telle ou telle pièce. Pour ne citer que deux exemples : la comédie de Pigault-Lebrun, « L'Orphelin », met en scène le même problème que « L'Embuscade » de M. Kistemaekers; et « L'Isle des Femmes », de Léger, a été imitée dans une opérette anglaise qui a fait le tour de Londres sous le titre de « No man's Land ». Leurs pièces sont plus morales, car ils respectent bien plus que nos contemporains les liens de la famille. Je ne crois pas que les sans-culottes eussent toléré qu'un auteur mît en scène des enfants aussi irrespectueux que ceux que l'on a pu voir dernièrement dans la pièce de M. Zangwill, « We Moderns ». Et si ce changement tient à nos mœurs, tant pis pour nous. Enfin, puisqu'il est ici surtout question de pièces légères, la décence des vaudevilles chantés pendant la Révolution contraste favorablement avec la licence de ceux qui se chantent de nos jours dans la plupart de nos théâtres.

Je viens de citer une pièce anglaise; mais c'est que

la comparaison s'établit irrésistiblement entre le théâtre français de la fin du dix-huitième siècle et le théâtre anglais de notre époque. Aujourd'hui à Londres, comme alors à Paris, ce qui domine ce n'est ni la tragédie, ni le drame, ni la haute comédie : c'est la farce et la « musical comedy ». Or, si l'on passait en revue les opérettes qui ont été applaudies par tout Londres depuis 1918, on verrait qu'elles n'ont d'autre supériorité sur celles de la Révolution que le luxe des décors et le nombre des figurants. Non seulement l'intrigue y est plus faible, mais l'esprit y est plus rare; quant aux facéties, elles sont les mêmes. Il n'y a pas jusqu'à la vieille plaisanterie de l'amoureux désespéré, qui voudrait bien se noyer mais recule *parce qu'il ne sait pas nager*, qui ne fasse encore rire, en 1926, les spectateurs de « Mercenary Mary ». (opérette de H. Clayton et J. Wallers), comme elle faisait rire, en 1792, les spectateurs de « Cadichon ».

Je ne parle pas des farces : tel comédien anglais, amuseur attitré de personnages royaux, est loin de valoir Volanges (Janot) ou Beaulieu (Cadet) — si j'en crois leurs contemporains; et les bouffonneries dont il est l'auteur sont cent fois au-dessous des plus mauvaises pièces de Dorvigny.

Je le répète, seuls les critiques d'avant 1914 pouvaient se permettre une grande sévérité envers le théâtre de la période révolutionnaire. Mais nous qui vivons à une époque où la musique n'est plus que l'art de la cacophonie, où le théâtre relève bien plus des metteurs en scène que des dramaturges, où l'une des plus belles inventions humaines, le cinématographe, semble n'avoir été créée que pour faire applaudir dans le monde entier les grossières prouesses d'un Jocrisse de bas étage, force nous est d'être plus indulgents.

Bibliographie

Histoire de France pendant trois mois	Beffroy de Reigny	1789
Almanach historique de la Révolution française	M. J.P. Rabaut	1792
Mémoires sur la Révolution	D.J. Garat	1795
Paris à la fin du XVIIIe siècle	J.B. Pujoulx	1801
Biographie moderne, ou Galerie historique des Français célèbres depuis le commencement de la Révolution jusqu'à nos jours	Divers	1816
Mémoires particuliers	Bertr. de Molleville	1816
Souvenirs d'un sexagénaire	A. V. Arnault	1833
Biographie universelle	Société des Gens de Lettres	1833
Histoire de Lyon	C. Beaulieu	1837
Souvenirs de la Terreur	G. Duval	1841
Histoire-Musée de la République française	J.B. Challamel	1842
Histoire des journaux et des journalistes de la Révolution française	G. Gallois	1845
Histoire de la Révolution française	J.J.L. Blanc	1847
La Société française pendant la Révolution	E. et J. Goncourt	1854
Musée de la Caricature	E. Jaime	1857
Paris pendant la Révolution	L. S. Mercier	1862
Les Origines de la France contemporaine (La Révolution)	H. Taine	1878
Renseignements statistiques sur l'état de l'agriculture vers 1789	C. de Beaupaire	1859
Esquisse historique agricole de la France	F. Coré	1890

Histoire chantée de la première République	L. Damade	1892
La vie à Paris pendant une année de la Révolution; de juin 1791 à juin 1792	G. Isambert	1896
Les Paysans en France dans le dernier quart du XVIIIe siècle	N. I. Karyeev	1899
Histoire politique de la Révolution française	A. Aulard	1900
La Révolution française et les Congrégations	A. Aulard	1903
Histoire religieuse de la Révolution française	P. de la Gorce	1909
L'état des classes agricoles en France à la veille de la Révolution	I. Luchitsky	1911
Histoire et civilisation modernes	Ducoudray	1912
Mémoires	A.Th.V. de Lameth	1913
Notes et Souvenirs	A.Th.V. de Lameth	1914
La Révolution française	A. Mathiez	1922
Le Mouvement des Idées dans l'émigration française	F. Baldensperger	1925

* * *

Histoire du Théâtre français depuis les commencements de la Révolution jusqu'à la réunion générale	C. Etienne et A. Martinville	1802
Oubliés et Dédaignés	P.C. Monselet	1857
L'Histoire par le théâtre	Th. Muret	1865
Le Théâtre révolutionnaire	E. Jauffret	1869
Le Théâtre de la Révolution	L. Moland	1877
Histoire universelle du Théâtre	A. Royer	1870
Le Théâtre de la Révolution	H. Welschinger	1880
Histoire littéraire, critique et anecdotique du Théâtre du Palais-Royal, 1794-1884	E. Hugot	1886
La Comédie en France au XVIIIIe siècle	C. Lénient	1888
Chronique des petits théâtres de Paris	N. Brazier	1888

Le Théâtre Français pendant la Révolution	H. Lumière	1894
La Comédie Française et la Révolution	A. Pougin	1902
Le Théâtre National, 1793-1794	L.H. Lecomte	1907
Le Théâtre et la Révolution	E. Lunel	1909
Le Théâtre de la Cité, 1792-1807	L. H. Lecomte	1910
Le Théâtre sous la Terreur (Théâtre de la Peur)	P. d'Estrée	1913
Le Théâtre monacal sous la Révolution, dans *Etudes de littérature préromantique*	Ed. Estève	1923
Répertoire du Théâtre français de troisième ordre	Petitot	

* * *

PAMPHLETS ET JOURNAUX

Collection de pamphlets concernant la Révolution Française appartenant au British Museum (Liste : Circ. 95 a.)

Arlequin réformateur dans la cuisine des Moines. British Museum : 910 c. 9 (13).

Arlequin protecteur du Patriotisme (British Museum : 8079 c. 8).

A deux liards, le Journal	1792
Les Actes des Apôtres	1789-1791
Les Sabbats Jacobites	1792-1793
La Quotidienne	1790-1791
Le Lendemain	1790-1791
Le Mercure Français	1789-1793
Le Journal de la Mode et du Goût	1790-1793
Le Moniteur Universel	1789-1794
Le Patriote Français	1790-1793
La Chronique de Paris	1789-1793
Le Journal de Paris	1789-1794
Le Babillard du Palais Royal	1791
Le Journal Français	1792-1793

Liste

des auteurs dramatiques mentionnés et de leurs ouvrages analysés ou cités

Bertin d'Antilly	*Le siège de Lille*	1792
J. Aude et C. Tissot	*Cadet Roussel*	1793
Barré, Radet,	*La Chaste Suzanne*	1793
et Desfontaines	*Au retour*	1793
	Encore un Curé	1793
	Arlequin afficheur	1792
	Arlequin Taquin	1792
	Arlequin cruello	1792
	Colombine mannequin	1793
J. Candeille	*Catherine, ou la belle Fermière*	1792
Carbon des Flins	*Le Réveil d'Epiménide*	1790
	Le Mari directeur	1791
	La Papesse Jeanne	1793
	La jeune Hôtesse	1792
Ar. Charlemagne	*L'Adoption villageoise*	1794
	M. de Crac à Paris	1792
A. G. Chiavacchi	*La Journée du Vatican*	1793
Choudard-Desforges	*Le Sourd, ou l'Auberge pleine*	1790
Collin d'Harleville	*M. de Crac en son petit Castel*	1791
	Le vieux Célibataire	1792
Collot d'Herbois	*La Famille patriote*	1790
	La Journée de Louis XII	1790
	Les Portefeuilles	1791
	L'Aîné et le Cadet	1792
Cousin Jacques	*Nicodème dans la lune*	1790
	Le Club des bonnes gens	1791
	Allons, ça va	1793
Ch. Demoustier	*Le Divorce*	1793
	Le Conciliateur	1791
	Les Femmes	1793

Desaudras	*Minuit*	1791
J.M. Deschamps	*La Revanche forcée*	1792
	Piron avec ses amis	1792
Desfontaines	*Le Divorce*	1793
L. Dorvigny	*La parfaite Egalité*	1793
	Les Noces du père Duchêne	1789
	Jocrisse ou la Poule aux œufs d'or	1792
	Le Désespoir de Jocrisse	1792
A. Dumaniant	*La double Intrigue*	1790
Fabre d'Eglantine	*Le Convalescent de qualité*	1791
	Le Présomptueux	1790
	Le Philinte de Molière	1790
	L'Intrigue épistolaire	1791
O. de Gouges	*L'Heureux naufrage, ou l'Esclavage des Nègres*	1790
Hennequin	*La Partie quarrée*	1793
C. Joigny	*Le Siège de Lille*	1792
L. T. Lambert	*Arlequin Tailleur*	1793
P. Laujon	*Le Couvent, ou les Fruits du Caractère et de l'Education*	1790
Lebrun-Tossa	*Le Mont Alphéa*	1792
	La Folie de Georges	1794
F. P. A. Léger	*La Papesse Jeanne*	1793
	Le Sourd guéri	1794
	Le Dédit mal gardé	1794
	La folle Gageure	1790
	L'Isle des Femmes	1792
	Alain et Rosette	1792
	Nicaise peintre	1793
J.F. Lépitre	*Arlequin imprimeur*	1794
Levrier Champ-Rion	*Les trois Cousins*	1792
Louvet	*La Grande Revue des Armées noires et blanches*	1791
S. Maréchal	*Le Jugement dernier des Rois*	1793
J. B. de Mautort	*Le petit Sacristain*	1792
	Arlequin Joseph	1793
Monnet	*Les Amans sans amour*	1790
	L'Intrigue secrette	1793
	Le Tambourin de Provence	1793

J. Patrat	*Le Sourd et l'Aveugle*	1791
	Le Présent, ou l'heureux Quiproquo	1793
J. B. Picard	*Le Présent, le Passé, l'Avenir*	1791
	La Moitié du Chemin	1793
	Andros et Almona	1794
	La Prise de Toulon	1794
	Les Visitandines	1792
	Le Cousin de tout de monde	1793
	Le Conteur, ou les deux Postes	1793
Pigault-Lebrun	*Le Marchand provençal*	1789
	Les Dragons et les Bénédictines	1793
	Les Dragons en cantonnement	1793
	Les Mœurs, ou le Divorce	1794
	Contre-temps sur contre-temps	1792
	L'Orphelin	1793
B.A. Planterre	*Les deux Hermites*	1793
J. B. Pujoulx	*Cadichon, ou les Bohémiennes*	1792
	L'Anti-célibataire	1793
Radet	*La bonne Aubaine*	1793
	Le Canonnier convalescent	1794
	Le noble Roturier	1794
	La Soirée orageuse	1790
	Le Faucon	1793
Ronsin	*La Fête de la Liberté*	1790
Rousseau	*A bas la Calotte, ou les Déprêtrisés*	1793
De Ségur	*Nice, imitation de Stratonice*	1792
C. Tissot	*Tout pour la Liberté*	1792
A. Valcour	*Le Vous et le Toi*	1793
L. J. Vigée	*La Matinée d'une jolie Femme*	1792
Villemain d'Abancourt	*Une journée d'Henri IV*	1791

Pièces sans nom d'auteur

Le Menuisier de Bagdad	1789
L'Homme en loterie	1789

Table des Matières

L'Eglantine

Société Coopérative — Maison Nationale d'Édition

Rue de Lenglentier, 20, Bruxelles

EXTRAIT DU CATALOGUE

Joseph WAUTERS, Ministre de l'Industrie et du Travail
Le Congo au Travail 10.00

Louis PIERARD
Les Trois Borains (avec des images de Anto Carte) 7.00

Léon LEGAVRE
Poèmes de la Jeunesse rustique 10.00
édition originale sur papier « Featherweigt », vol. num. de 1 à 100 15,00
Verhaeren et le Peuple (illustré) 6.00

Pierre BROODCOORENS
Boule-Carcasse (2 vol.) 25.00

Constant BURNIAUX
Fah, l'Enfant (avec des illustrations de Jeanne Meunier-Gaudron) 6.00

Charles DE COSTER
Stéphanie, drame en cinq actes, en vers et un prologue (préface de Camille Huysmans, Ministre des Sciences et des Arts) 9.00

Sander PIERRON
Le Bateau démâté (illustré) 6.00

Jean TOUSSEUL
La Maison Perdue 9.00

Joris MINNE
Alphabet, vingt-six lettres ornées, dessinées et gravées sur bois (tirage de luxe limité à 100 exemplaires) 10.00

Claire BARIL et Emile VANDERVELDE
Le Livre Rouge, fr. 6.00 — Edition de luxe . . . 10.00

Berthe VAN ROELEN
Le Travail des Hommes (avec des bois de Counaye) 7,50

Horace VAN OFFEL
Le Pinceau d'Or (avec des illust. de l'auteur) . . . 1.25

NAMUR

Imprimerie du Peuple S. C.

www.ingramcontent.com/pod-product-compliance
Ingram Content Group UK Ltd.
Pitfield, Milton Keynes, MK11 3LW, UK
UKHW020142220726
13923UKWH00001B/327